The Research on the Inheritance and Promotion of Nanjing's Excellent Historical Culture

南京优秀历史文化传承与弘扬研究

卢海鸣　编著

南京出版传媒集团　南京出版社

前 言

说到文化，有人形象地把它的结构比喻成一个鸡蛋，由里到外依次是蛋黄、蛋白和蛋壳三个层次。相对应的，最里层的是物质文化，中间一层是制度文化，最外层是精神文化。物质文化、制度文化和精神文化共同构成了文化的内涵。

2014年2月25日，习近平总书记在首都北京考察工作时强调指出："历史文化是城市的灵魂，要像爱惜自己的生命一样保护好城市历史文化遗产。"2017年，中共中央办公厅、国务院办公厅联合印发了《关于实施中华优秀传统文化传承发展工程的意见》，江苏省委也出台了《江苏省实施中华优秀传统文化传承发展工程工作方案》。南京市委、市政府高度重视传承弘扬优秀传统文化，近年来，将"建立健全南京优秀文化传承体系"，"继承和创新南京优秀历史文化，延续历史文脉"等，先后写入《关于推动文化建设迈上新台阶的实施意见》、南京市第十四次党代会报告和《南京市"十三五"规划》等文件中。

南京优秀历史文化是中国特色社会主义文化的重要组成部分。广义上，它包括优秀传统文化和红色文化；狭义上，南京优秀历史文化就是南京优秀传统文化。按时代划分，它主要包括"六朝文化""南唐文化""明朝文化""民国文化"；按类别划分，包括都城文化、陵墓文化、宗教文化、文学艺术、史学方志、科教文化、手工技艺、工业遗产、民俗文化和红色文化等。南京优秀历史文化存在于物质文化遗存中，存在于传世文献典籍中，存在于人们的精神世界里。它能够让人们从中寻找到智慧，加深对家国的文化认同，进而在走向未来的道路上更加自信。

南京优秀历史文化是推动南京可持续发展的独特“战略资源”，是高质量建设“强富美高”新南京的精神支撑，是南京立于世界名城之林的重要根基。在南京紧紧围绕“创新名城、美丽古都”的城市总体定位，努力打造“思想文化引领高地、道德风尚建设高地、文艺精品创作高地”先行示范区的过程中，全面、系统、深入地挖掘、整理南京优秀历史文化，构建传承弘扬体系，实施传承发展工程，对于进一步培育和践行社会主义核心价值观，坚定文化自信，彰显南京独特的文化魅力，促进南京的政治文明、精神文明、物质文明、制度文明和生态文明建设，推动南京世界“文学之都”和世界“和平城市”建设，助力南京明城墙跻身世界文化遗产行列，具有重要的现实意义和深远的历史意义。

目　录

第一章　南京优秀历史文化的构成

第二章　传承弘扬的困难与机遇

第三章　传承弘扬的对策和路径

第四章　传承弘扬的保障措施

第一章　南京优秀历史文化的构成

南京是一座享誉世界的历史古城，也是中国重要的现代都市之一，古今辉映，文化璀璨，饱含了中国优秀历史文化的精髓。其中，都城文化、陵墓文化、宗教文化、文学艺术、史学方志、科教文化、手工技艺、工业遗产、民俗文化、红色文化等，共同构成了南京优秀的历史文化，不仅在中华民族历史发展进程中具有不可替代的重要作用，而且在中外文化交流互鉴中产生了极其深远的影响。

一、都城文化

南京素有“六朝古都”“十朝都会”之称，拥有近2500年的建城史与近450年的建都史。历史上，东吴、东晋、刘宋、萧齐、萧梁、陈、南唐、明朝、太平天国、中华民国先后在此建都，为南京都城文化留下了丰厚的历史文化遗产。其中，六朝建康城、明故宫与明城墙、民国建筑等保存情况较好，是南京都城文化的突出代表。

（一）六朝建康城

南京的建都历史可追溯至三国东吴时期，黄龙元年（229）称帝后的孙权将首都自武昌（今湖北鄂州）迁至建业（今江苏南京，东晋南朝时称建康），拉开了南京建都史的序幕。东吴以后，东晋和南朝的宋、齐、梁、陈相继在此建都，并在吴都建业城的基础上逐渐扩展，形成豪华的宫城、兴盛的都城和庞大的外郭，奠定了东晋南朝都城修建

吴主孙权

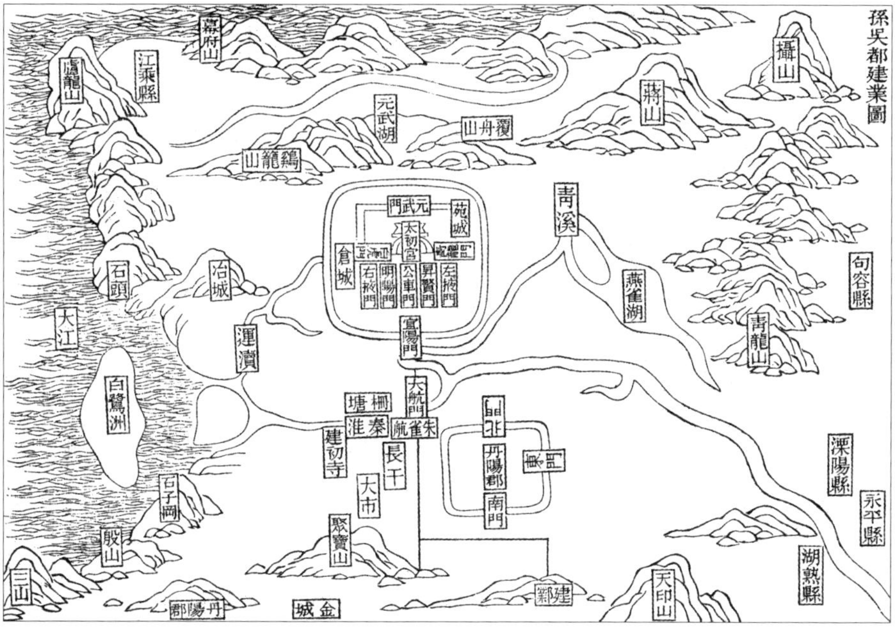

孙吴都城建业图（《金陵古今图考》）

的基础。东晋南朝时期，建康成为南部中国的政治、经济和文化中心，华夏衣冠正统所在，该时期也成为南京城市发展史上第一个辉煌时代。

六朝建康城包括宫城、都城、外郭三重城垣，周围以石头城、西州城、东府城、丹阳郡城、越城、白下城等卫星城环绕，其间遍布礼制、宗教、衙署、市场、里坊、园林等各类建筑，形成了宫城、都城、衙署、居民区自北往南分布的规划布局，开创我国都城布局特有风格，在中国古代都城发展史上具有重要意义。宫城是建康城的核心区域，其前身为东吴苑城旧址。东晋时期经大规模改建，正殿称为“太极殿”，面阔 12 间，两侧建东、西二堂，正南门为“大司马门”，门前是一条东西向横街，通往都城建春门与西明门。从大司马门南出，经约 1 公里长的御街，到达都城正南门宣阳门。从宣阳门往南，又是一条约 2.5 公里的御道，直达秦淮河畔的朱雀门，形成全城中轴线。东晋以后，建康城在宋、齐、梁、陈四代相继的南朝时期进一步发展和繁荣，至梁武帝统治时期达到高峰，形成东西南北各达 20 公里、居民 28 万户、人口约 50 万的当时我国最大的城市[①]。在这期间宫城也有所扩建，新建了玉烛、紫极、玉寿、永寿、临春、望仙等楼阁宫殿，太极殿也在梁武帝时期扩充至13间，两侧东、西二堂各扩充为7开间，融合了当时建筑艺术的精华。

东晋、南朝时期，建康城的布局设计还影响了北魏洛阳城的建设[②]。据史料记载，北魏孝文帝在改建平城（今山西大同）时，就曾派蒋少游出使南齐观摩建康宫殿规模，后来在重建洛阳宫殿和官署时，综合邺城、建康城等几个南北都城布局的特点，并有所改进。六朝建康城作为中国古代都城发展史上的重要一环，继承魏晋都城旧制，传承华夏文脉，代表中华正统，并对同时代的北魏洛阳城、东北亚朝鲜半岛和日本列岛各国都城，以及隋唐都城等后世都城的规划与设计都产生过深远影响。

（二）明故宫与明城墙

元至正二十六年（1366），朱元璋在攻占集庆路十年后政权逐渐稳定，开始在南京拓旧城、修建新宫，拉开了明代宫殿及城垣营造的序幕。南京作为明初首都，历洪武、建文两朝，及永乐朝前十八年，共计五十三年。永乐十九年（1421）明成祖朱棣迁都北京后，南京政治地位虽然有所下降，但作为明王朝的留都，明王朝“兴王之根本”，有明一代依然拥有重要的政治、经济与文化地位。

明代南京城共由四重城垣组成，由内向外，分为宫城、皇城、京城、外郭。其中，宫城位于四重城垣最内一层，是明初皇帝处理政务及其家族成员生活起居的地方。以宫城为中心，外面环绕一圈皇城，为皇家服务的内官系统集中于皇城之内。宫城、皇城合为一体，即为“皇宫”，是明初中央政治核心，也是南京城的中心，彰显出皇帝的至尊。宫城平面呈方形，午门是宫城的正南门，午门以北由奉天、华盖、谨身“三大

① 卢海鸣：《六朝都城》，南京出版社2002年版。

② 杨宽：《中国古代都城制度史研究》，上海古籍出版社1993年版。

明初疆域图（谭其骧《中国历史地图集》）

殿”组成前朝，“三大殿”以北为“后寝”，包括奉先殿、柔仪殿、乾清宫、坤宁宫和西北角的御花园等，是皇帝日常起居的地方。在承天门、端门至午门一线东西两侧，还建有太庙、社稷坛。中央衙署也集中分布于皇城外自承天门至洪武门之间形成的御道东西两侧。

明朝皇宫巍峨壮丽、庄严肃穆，盛极一时，明成祖朱棣曾在宫城奉天门设宴接见过浡泥国王和高丽等国使节，浡泥国王和高丽等国使节对南京的皇宫赞叹不已。作为明初政治核心区，国家重大决策与政令均在此制定和发出，永乐年间闻名于世的郑和下西洋，其政令便是出自这一区域。因此，明故宫遗址也成为“海上丝绸之路”世界文化遗产的重要遗迹。此外，明代南京皇宫布局特点基本为明清北京皇宫所继承，正如《明太祖实录》卷 232 所载，北京“凡庙社、郊祀、坛场、宫殿、门阙规制，悉如南京”。南京明故宫也被今人誉为北京故宫的“祖形”，是明清北京皇宫营建的蓝本与标尺，是中国古代宫殿建筑集大成之作。

南京明城墙，即京城城墙，周长 35.267 公里，是明清时期我国最

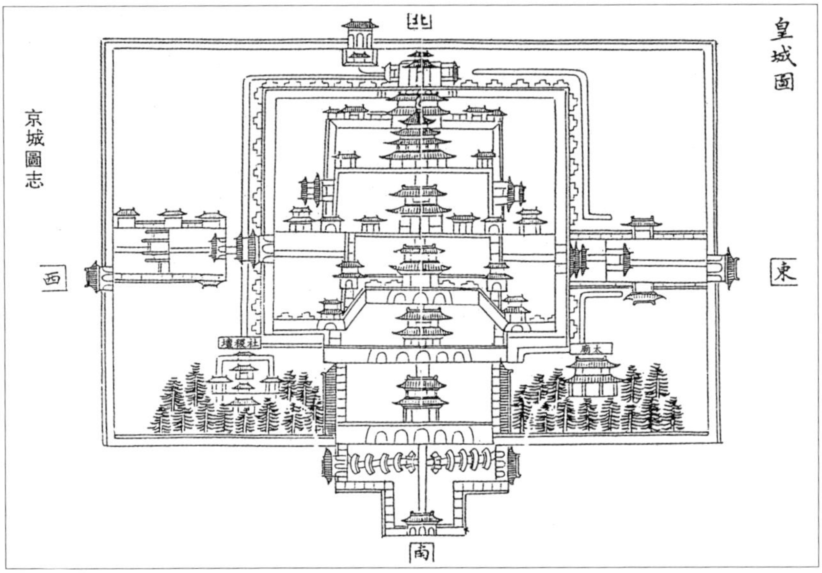

明朝皇城图（《洪武京城图志》）

大的一座城池。与同时期世界其他大城相比，其规模也是首屈一指。南京城墙依地理形势而建，城墙高度在 14 至 21 米之间，宽度为 14 米左右，规模宏伟，气势恢宏。虽经过 650 余年的风雨沧桑，现存 21.367 公里，仍然是世界上现存最长、规模最大的砖石城墙。南京城墙城垣平面形制打破中国古代都城历来取方形或矩形的古制，依山随岗，循地理环境而建，形成不规则形。其筑城技术先进，如地基处理便结合各段城墙所处地理环境不同，采用不同的城墙地基处理技术；墙体均由砖、石筑造而成，内外壁之间还常用碎砖、砾石和黄土层层夯实。此外，结合城墙北部天然湖泊与东、西、南、北四面人工开凿的护城河，城河一体，构成了南京城严密的城防体系。

明代南京城是首个中国统一王朝在南方建立的都城，也是中国封建帝制时代都城文化发展的顶峰，在中国古代筑城史上具有重要地位与影响。其规整宏大的四重城垣、因地制宜的设计思想、布局严谨的宫城皇城、固若金汤的城防体系、技艺精湛的筑城技术，不仅是明清时期城市营建的蓝本，也是东北亚地区冷兵器时代都城城墙营建的典范，在中外

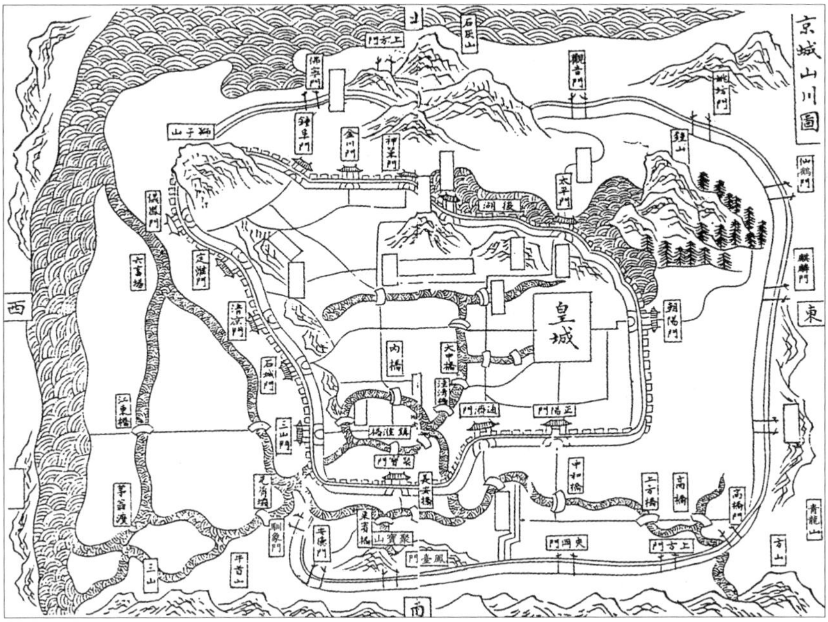

明朝京城山川图（《洪武京城图志》）

筑城史上具有无可替代的地位与影响。作为世界上现存最长、规模最大、保存最为完好的都城城墙，南京城墙文化内涵与历史价值日益凸显，作为“中国明清城墙联合申遗”项目的重要组成，2006 年、2012 年南京城墙两次被列入《中国世界文化遗产预备名单》。

（三）民国建筑

南京作为民国时期的首都，建筑风格多种多样，兼具西方建筑风格影响与中国传统建筑特色，反映了中国近代建筑的历史变迁，承载着民国的历史记忆。目前，据有关部门统计，南京现存民国建筑共 900 处 1500 余座，其中具有代表性的民国建筑 200 处[①]。从其功用来看，可分为公共建筑、居住建筑与工业建筑；按建筑风格又可分为中国传统民族式建筑、殖民式建筑、西方折中主义建筑、西方古典式建筑、中国传统

① 卢海鸣：《南京民国建筑》，江苏凤凰美术出版社 2017 年版。

宫殿式建筑、西方现代派建筑等。特别是1928年，国民政府成立了首都建设委员会，聘请美国建筑师亨利·墨菲、工程师古力治为顾问，于1929年12月制定了我国历史上第一部按照国际标准制定的城市规划——《首都计划》。在这一城市规划中明确指出，南京建筑“要以采用中国固有之形式为最宜，而公署及公共建筑物，尤当尽量采用”[①]。因此，涌现出一批既包含中国传统建筑特色，又融合西方建筑风格的民国建筑。

南京民国建筑按照使用功能粗分的话，主要有公共建筑、居住建筑和工业建筑三大类。细分的话，可以分为八大类：一是政治、军事机关建筑，如国民政府建筑群、行政院、考试院、外交部、国防部、军政部、海军部等；二是宗教、科学、教育、文化、卫生、体育机构建筑，如莫愁路基督堂、太平南路圣保罗堂、金陵大学、金陵女子大学、中央研究院、中央大学、国立编译馆、中央医院、中央体育场等；三是市政、交通、电信类建筑，如中山大道、大校场机场、江南汽车公司、国民党中央广播电台、南京电信局、江苏邮政管理局、建康路邮政支局等；四是工商、金融、服务、娱乐、休憩场所建筑，如国民党中央广播电台发射塔、中国国货银行、中央商场、中央饭店、华侨招待所、国际联欢社等；五是驻华使领馆，如美国、法国、英国、日本、比利时等36个国家的馆舍；六是监狱，如中央军人监狱、首都监狱等；七是官邸、别墅、民居，如小红山官邸、宋子文公馆、陈立夫公馆、陈果夫公馆、何应钦公馆、马歇尔公馆、逸仙村等；八是陵墓以及纪念性建筑，如中山陵、谭延闿墓、廖仲恺墓、韩恢墓、国民革命军阵亡将士公墓、正气亭、音乐台等。这些近代建筑从种类上来讲，门类齐全，应有尽有；从品位上来讲，绝大多数都属于国家工程，无论是建筑形式，还是所选颜色和采光效果，都代表了当时的最高设计、施工水平和审美水平，引领了时代的建筑潮流，具有较高的历史、科技、文化艺术和社会价值。

---

①（民国）国都设计技术专员办事处编：《首都计划》，南京出版社2018年版。

中央研究院总办事处旧影

中央大学大礼堂旧影

国民政府外交部旧址

在民国历史上，从1925年吕彦直设计中山陵开始，中国建筑师群体主导的近代建筑异军突起。尤其是1927年国民政府定都南京后，南京近代建筑由舞台边缘的配角走到镁光灯下，成为主角，引领中国近代建筑的潮流和方向，代表了中国建筑师群体主导的近代建筑创作的最高成就。

综上所述，南京民国建筑是中国近代建筑中的重要内容，处于中国建筑史承上启下、中西交汇、新旧交替的过渡时期，并在发展过程中由单纯模仿到洋为中用，形成具有自身特色的建筑形式，对中国近代建筑史发展起到极其重要的作用。

二、陵墓文化

陵墓文化是反映我国古代礼仪制度、宗法研究的重要内容，也是我国珍贵的历史文化资源。南京作为“六朝古都”“十朝都会”，集中埋葬有六朝陵墓、南唐帝陵、明孝陵和中山陵等，是我国长江以南地区重要的帝陵埋葬区域，也是中国古代帝王陵寝制度发展演变的关键一环，在古代帝王陵墓制度史研究中占有重要地位。

（一）六朝陵墓

自东吴黄龙元年（229）称帝后的孙权将首都自武昌（今湖北鄂州）迁到建业，至祯明三年（589）隋灭陈，三国东吴、东晋及宋、齐、梁、陈六朝相继定都于建康（今江苏南京）。这一时期，帝后及王室成员大多葬于京畿地区,形成了以首都建康为核心的帝王陵墓与王公贵族墓园。并且，六朝陵寝制度基本一脉相承，如南朝帝陵陵园陵寝的设立、帝陵玄宫的形制均直接继承东晋遗制，与东晋帝陵存在密切的渊源关系，形成了一套结构完整、制度完备的陵寝制度。

据唐朝许嵩《建康实录》记载，东晋帝陵葬于鸡笼山之阳、钟山之阳和幕府山之阳，经考古发现，相当于今天鸡笼山至鼓楼岗一线以南、富贵山南麓和中央门外郭家山一带[1]。墓室基本依山而建，平地不起坟，墓室一般呈长方形，以墓砖砌筑，墓室前面多筑长方形甬道，设有墓门，下部多连接排水沟，如在太平门内富贵山南麓发现的东晋晚期疑似晋恭帝司马德文陵墓，就采用的这种砖室墓形制[2]。南朝帝陵为六朝陵寝制度发展的成熟期，基本由陵垣、寝殿、神道、石刻、封土、玄宫组成，部分帝陵周围还建有佛寺。如经考古发掘，推测为陈宣帝显宁陵的西善桥油坊村大墓，整座墓园依山而建，再填土起坟，形成圆形的巨大封土。封土周长 141 米、高约 10 米，还填有石灰、石块保护地下玄宫。封土之下便是玄宫，墓前带有 30 多米长的墓道，墓室平面为凸字形，全长 10 米、宽 6.7 米，全部由墓砖砌成，为一座砖室墓。甬道内设置二道石质墓门，门拱两面带有浮雕人字栱，甬道及墓室墓壁装饰有狮子、莲花纹等砖印图案，展现出南朝时期砖印艺术的精美[3]。

六朝帝陵气势雄伟，布局设计合理，制度成熟，在我国古代陵寝制度史上处于承前启后的重要时期。一方面，南朝陵墓因山为陵，神道石刻及其严格的等级差别，直接影响了唐代的陵寝制度。另一方面，南朝帝王陵墓除葬于山麓不起坟丘的墓葬外，起坟的陵墓都为圆形，与北方

梁朝萧秀墓石刻群

陈武帝陈霸先万安陵石兽

① 卢海鸣：《六朝都城》，南京出版社 2002 年版。

② 南京博物院：《南京富贵山东晋墓发掘报告》，《考古》1966 年第 4 期。

③ 罗宗真：《南京西善桥油坊村南朝大墓的发掘》，《考古》1963 年第 6 期。

汉代帝陵及唐、宋帝陵的方形封土有明显差别，这种圆形封土至明初为明孝陵继承，对明清时期帝王陵墓普遍使用圆形封土产生了极大影响。

南朝帝王陵墓前多竖立有巨大且生动的神道石刻。在墓前设立神道及象征吉祥、驱灾避邪的石刻群，这一制度始于东汉，东晋帝陵前不设石刻，但到了南朝时期，墓前神道石刻成为帝王陵寝不可或缺的重要组成部分，象征着皇权的神圣威严与墓园的庄严肃穆。南朝石刻一般三种六件，依次为石兽、石柱和石碑，每种各设两件。这些神道石刻不仅具有重要的历史价值，也是我国古代石刻艺术的代表作，体现出南朝时期中国雕刻艺术的精髓，1983 年 8 月曾被评为“新金陵四十景”之一，蜚声海内外，1988 年又被列入第三批全国重点文物保护单位。

（二）南唐帝陵

五代十国时期，南唐定鼎金陵，在金陵营建都城、修建陵寝。南唐帝陵位于今南京市南郊祖堂山西南，经考古发掘，先后发现南唐烈祖李昪与皇后宋氏合葬的钦陵、元宗李璟与皇后钟氏合葬的顺陵。2010 年—2011 年在陵园西北又发现一座墓葬（M3），推测为南唐后主李煜皇后周氏所葬之懿陵。此外，南唐二陵也是长江中下游地区经过考古工作确认的，五代十国时期唯一一处布局比较完整、结构较为清晰的皇家陵寝，为全面揭示南唐帝陵布局，及进一步探讨南唐及唐宋时期帝王陵寝制度提供了弥足珍贵的实物资料。

南唐先祖李昪与皇后宋氏合葬的钦陵营建于南唐国力鼎盛时期，规模较为宏大，装饰华美。墓室全长 21.48 米、宽 10.45 米，分为前、中、后三个主室。其中，前室、中室均涂抹红色泥浆，三室内壁做出仿木构装饰，后室石门浮雕武士图像，墓室全部用大青石建成，由 8 根柱石承托，中间放置青石棺床，四周装饰有龙、海石榴等雕刻纹饰。墓顶绘制旭日、明月及天象图，地面浅浮雕长江、黄河、山岳图像，组合成一幅象征天下一统的“地理图”①。顺陵与钦陵形制类似，也是一座三室砖石墓葬，

① 南京博物院：《南唐二陵》，文物出版社 1957 年版。

先主李昪钦陵

中主李璟顺陵

后室设有石棺床，墓室顶部绘制有天象图，但整体规模不及钦陵，装饰也较为简单。南唐后主李煜皇后周氏懿陵，即南京祖堂山南唐 3 号墓，位于顺陵西北，为一座平面呈“中”字形的砖石墓。主室两侧各带一侧室，甬道券顶，墓室顶部为四边叠涩穹隆顶，墓室四壁近底共设 12 个壁龛。除两侧室后部以双层青砖铺就，墓底皆用石板平铺，四周铺底之石板压在砖壁下。墓底石板上残存石棺座，在中排两块石棺座之间还残有长方形腰坑[①]。

南唐帝陵是我国古代陵墓制度史上重要的一环，其墓葬形制、彩画雕刻，均体现出对唐代皇陵的继承。目前，唐代帝陵除唐末僖宗靖陵外，尚未有所发掘，南唐帝陵是复原唐代皇陵重要的实物资料，根据南唐二陵地下玄宫中前、中、后三室及两侧对称分布的耳室布局，及发现的唐墓资料，基本可以复原唐陵墓室形制布局。同时，南唐帝陵陵园坐北朝南，四周环绕不规则陵垣，陵垣内设置献殿建筑区等做法，均与唐陵陵园布局特点一脉相承，总体看来，从地宫形制到陵园布局均体现出对唐代陵寝制度的承袭，代表了南唐统治者标榜华夏正统的核心思想。

南唐二陵考古发掘工作开始于 1950 年，是新中国建立初期较为重要的科学考古发掘工作之一，为我国古代陵墓考古工作的开展奠定了坚

① 南京师范大学文物与博物馆学系、南京市文物局、南唐二陵文物管理所：《南京祖堂山南唐陵园考古勘探与试掘简报》，《文物》2015 年第 3 期。

实基础。其考古发掘资料的整理，为研究经济、文化盛极一时的南唐历史、文化，提供了珍贵的实物资料，填补了相关研究空白。

（三）明孝陵

明洪武十四年（1381），朱元璋在钟山南麓独龙阜营建陵墓，这座陵墓后被称为“孝陵”。作为明初重要的国家工程，孝陵前后营建耗时长达 30 年之久，规模宏大，占地面积达 30 多平方公里。据康熙《江宁府志》记载，明孝陵外环绕着长达 22.5 公里的外郭（即红墙），相当于明初南京京城城墙长度的三分之二。

孝陵陵园整体空间布局可分为前后两部分，前一部分由神道、下马坊及棂星门组成。下马坊是明孝陵的正式入口，往北一里半进入陵园大门，名为“大金门”。大金门为一座砖石券门，带三个门洞，门的基部石刻比较精细，代表了明朝初年的艺术风格。大金门以北为俗称“四方城”的孝陵碑亭，内立“大明孝陵神功圣德碑”，通高 8.78 米，碑文由明成祖撰，叙述太祖一生功业。四方城以西即为孝陵神道，自东向西依此排列着狮子、獬豸、骆驼、象、麒麟和马共六种十二对石兽。石兽

明孝陵旧影

明孝陵下马坊旧影（1944 年）

明孝陵武士石像旧影（1871 年）

明孝陵方城明楼与宝顶旧影

北为一对华表，再北列武将、文臣各两对。棂星门居北，为三开间建筑。陵前神道至此结束，整体看来顺山势弯曲，傍梅花山而过。后一部分即为孝陵主体建筑，过五孔御河桥，为文武方门，今改为陵门，陵门内为旧享殿门，享殿门北为享殿基址，原供奉明太祖与马皇后的神主牌位。从现存享殿台基的56个大型石柱础，可以看出当年享殿的巨大规模。享殿后设一门，门后为御河，上有石桥，石桥后为太祖地下宫殿前的主要建筑——方城和明楼。方城是一座用石条砌成的坚固建筑物，上部建有明楼，中立墓碑，现存六座拱门和四壁砖墙，方城后即为太祖地下宫殿所在的圆形坟墓，坟丘周围砌有砖壁，上砌女墙，称为“宝城”。

总体看来，明孝陵一方面继承了汉、唐、宋帝陵制度的精华，另一方面也做了部分变革。其一，陵园布局方面，一改城门四开、坟丘位于城中央布局，改为前方后圆南北一轴线贯之的布局，陵园建筑由北而南逐级递进，坟丘位于陵园最北端。其二，秦汉唐宋皇陵坟丘均为长方形或方形覆斗状封土，孝陵因循南方传统，改为圆形封土。其三，废除陵园中“寝”的设置，陵园祭祀仅在献殿一处，突出了陵上之庙（即献殿）在国家祭祀中的地位[①]。明初通过孝陵在建筑规制、祭祀礼仪等方面所做的重大变化，使得皇陵的政治地位空前提高，几与宗庙并尊，由此中国古代陵寝制度进入了一个新的发展时期。其创立的皇陵布局形制为明十三陵所继承，并对清代东陵、西陵的规制产生极大影响，因而，明孝陵常被视作中国封建社会帝王陵寝制度发展的顶峰。

（四）中山陵

矗立于紫金山中茅山南坡的中山陵，堪称中国近代建筑中的突出代表，据说孙中山先生生前感念南京为临时政府成立之地，决定百年后葬于南京，以示不忘辛亥革命之意。孙中山先生逝世后，1925年5月13日由葬事筹备委员会通过《孙中山先生陵墓建筑悬奖征求图案条例》，

① 刘毅：《明清皇陵制度比异》，《北方文物》1999年第2期。

中山陵鸟瞰图

中山陵旧影

1929 年 6 月 1 日孙中山先生灵柩奉安中山陵

决定向海内外悬奖征求中山陵设计图案，最终33岁的中国设计师吕彦直的设计图案从四十余种方案中脱颖而出。正如南洋大学校长凌鸿勋在其评判报告中所言：“此案全体结构简朴浑厚，最适合于陵墓之性质及地势之情形，且全部平面作钟形，尤有木铎警世之想。”

中山陵总平面设计成“警钟形”，寓意深刻，象征着孙中山先生毕生致力于唤醒民众。陵园坐北朝南，依山而建，主体建筑由牌坊、墓道、陵门、碑亭、祭堂和墓室组成，呈中轴线布局排列。从牌坊到墓室，直线距离700米，高低落差73米。陵园整体规模宏伟，气势非凡，通过建筑比例、体型组合、色彩运用、材料选择和细部处理上，表达出庄严肃穆的气度和逝者永垂不朽的精神。总体看来，中山陵的设计既继承传统，又有创新突破，融合中西方建筑风格于一体。它不仅是展现民国时期最优秀的民族形式的建筑作品，也是近代化与民族化相结合的建筑典范，是中国建筑史上的一座丰碑。

三、宗教文化

南京地区宗教文化自古就十分兴盛，是南京优秀历史文化的重要组成部分。长久以来，中国佛教、道教等多元共存，从上层统治者到下层民众，对宗教所采取兼容并蓄的态度，促进了多种宗教的融合与发展。佛教、道教、伊斯兰教、基督教等宗教在南京均获得一定发展空间，民间信仰也在南京生根发芽，展现出不同的宗教魅力。其中，尤以佛教、道教、伊斯兰教和基督教文化最具代表性，传播最广，对中国宗教文化的发展与形成产生了深远影响。

（一）佛教文化

佛教文化自东汉末年传入江南。南京既是中国古代最早出现佛教活动的城市之一，也是近代中国佛教文化的传播、研究中心，在中国佛教发展史上占有重要地位。最初来到建业（今南京）的僧人为大月氏人支谦，他在建业开展佛教活动，并翻译大小佛经49部，标志着六朝佛教事业的开端。东吴时期，康居国僧人康僧会由交趾（今越南）北上来到建业。赤乌十年（247），孙权为其修建了江南地区最早的一座佛寺——建初寺（又称大市寺），康僧会在建初寺设坛传经，弘扬佛法，对佛教在江南地区的传播起到了极大的推动作用，也使得佛教在六朝时期流行于世。

康僧会

东晋南朝时期，南北对峙，战乱频发，佛教在此时发展迅速，在政治与文化思想方面均占有重要地位。作为一国之主的梁武帝先后四次舍身同泰寺为僧，将南朝佛教发展推向高峰。以建康为中心，建立了多座佛寺，据史料记载，梁武帝时期都城建康及周围建有佛寺五百余座，穷极宏丽，僧尼达十余万人。唐代诗人杜牧的绝句“南朝四百八十寺，多少楼台烟雨中”，就是对当时社会崇佛活动的最好追忆。此外，六朝时期的建康城是全国性

栖霞山千佛岩石窟旧影

栖霞山舍利塔

的佛经翻译中心，以佛驮跋陀罗和法显为代表的僧人，在建康城南道场寺翻译了《华严经》等大批的佛学经典文献，为佛教在中国的传播做出了巨大贡献。开凿石窟也是佛教活动兴盛的另一标志，保存至今的南京栖霞山千佛岩石窟，是南北朝时期江南地区规模较大的石窟群，位于栖霞山寺后的千佛岭上，最早的大石窟开凿于南齐永明七年（489），齐、梁两代在周围开凿了300余个佛龛，与著名的敦煌莫高窟、云冈石窟、龙门石窟等一样享有盛名。

隋唐时期，随着天下一统，佛教日渐兴盛。隋文帝于仁寿元年（601）就曾颁布《隋国立舍利塔诏》，在全国八十三州分造石塔供奉舍利，南京栖霞寺即在其中。唐代武德年间，栖霞寺由高祖李渊改为功德寺，并增筑梵宇楼阁。高宗上元年间，栖霞寺与山东灵岩寺、湖北玉泉寺、浙江国清寺，并称为天下“四大丛林”。

明朝葛寅亮《金陵梵刹志》书影

此外，隋唐时期地位甚高的禅宗、律宗、密宗等皆可至建康溯源。以禅宗为例，最古老的禅法经典《安般守意经》由康僧会在建业注解，流传于世。东晋时期，高僧竺道生在建康立“顿悟说”，被认为是禅宗先驱。禅宗法统始祖的达摩祖师同样曾于金陵驻足，至今在南京幕府山还有渡江石、达摩古洞等与达摩祖师渡江有关的佛教遗迹。到了唐代贞观年间，法融禅师于南京牛头山（今牛首山）

杨仁山居士

幽栖寺北岩筑构禅寺——佛窟寺，博览众经，最终悟道，开创牛头宗，并对日本禅宗佛教的发展有较大影响。

明初定都南京，重修寺庙，使得南京的佛教事业又进入了一个高峰。明太祖朱元璋、成祖朱棣均从全国征召名僧至京师，使中国各宗派如禅宗、净土宗、天台宗、律宗等领袖人物几乎齐聚南京，南京成为全国佛学中心。永乐北迁后，南京佛教活动虽稍有衰弱，但到明后期，南京又成为全国佛教最发达的地区。据明朝葛寅亮《金陵梵刹志》记载，明末寺庙多达300余所，其中灵谷寺、天界寺、大报恩寺、鸡鸣寺、能仁寺、栖霞寺等均为国家寺院，地位崇高，影响深远。此外，南京还是当时佛学经典刊印的中心，大报恩寺刻印的《大藏经》，被称为《永乐南藏》，不仅数量巨大，卷帙浩繁，而且开放使用，所以流传颇广。清末杨仁山居士在南京创立了金陵刻经处，致力于佛典的搜集、整理、刊印，使得南京成为世界范围内汉文木板刻版佛经的出版中心。民国之后，太虚大师在南京成立的中国佛教会以及抗战胜利后成立的中国佛教总会，使南京成为全国的佛教活动中心。赵朴初先生曾感叹道："在中国佛教史上，南京作为佛教学术的中心是当之无愧的。"

（二）道教文化

道教是我国土生土长的宗教，两汉时期道教处于萌芽阶段，至六朝以后，道教便已在南京地区逐渐盛行。六朝上自帝王宗室，下至普通官吏，普遍信奉道教，如吴大帝孙权就十分信奉道教，曾为道教徒葛玄在方山建立了一座洞玄观，是江东最早的道教寺观。东晋哀帝司马丕，"雅好黄老，断谷，饵长生药，服食过多遂中毒"。另据陈寅恪先生研究，琅琊王氏、高平郗氏、吴郡杜氏、会稽孔氏、义兴周氏、陈郡殷氏等世

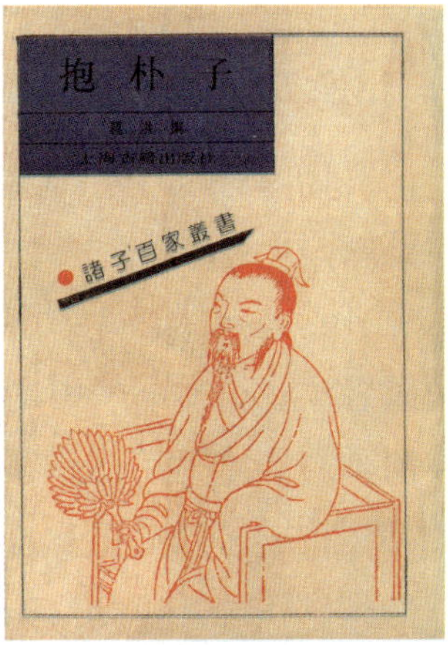

葛洪《抱朴子》书影

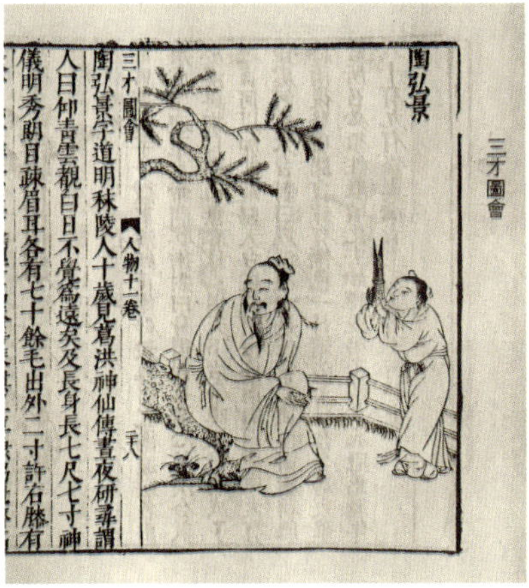

陶弘景（《三才图会》）

家大族均世代信奉道教[1]。在六朝时期道教气氛弥漫的情况下，先后涌现出葛玄、葛洪、陆修静、陶弘景等代表人物，特别是葛洪编著的《抱朴子》是集神仙道教之大成的道教理论著作，也奠定了中国道教的理论基础。南朝梁时期的陶弘景则集六朝道教大成，创立了句容茅山教，使得南京附近的茅山成为江南道教中心。陶弘景虽在茅山隐居，梁武帝遇事都要请教陶弘景，对当时的政坛仍产生了较大影响，故时人称其为“山中宰相”。

唐朝皇帝为李姓，自称老子后裔，故大力崇道，并以唐玄宗最为痴迷，宋朝道教亦十分兴盛，宋徽宗以天下道教教主自命。至明代道教继续兴盛，特别是成祖朱棣异常崇道，在“靖难之役”中他就自称得到真武大帝护佑，故而夺得帝位后极力推崇道教，不仅隆重加封真武大帝为“北极镇天真武玄天上帝”，以真武大帝为护国大神，在京师以及御用的监、局、司、厂、库等衙门广修真武庙，而且在武当山为真武大帝重修庙宇，祭祀真武大帝。此外，再次授予道教张宇初“正一天师”称号，扶持道观建设，使得整个道教地位得到极大提升。

南京较为著名的道教圣地，主要包括朝天宫与天妃宫。其中，朝天

① 陈寅恪：《金明馆丛稿初编》，三联书店出版社 2001 年版。

朝天宫（《金陵玄观志》）

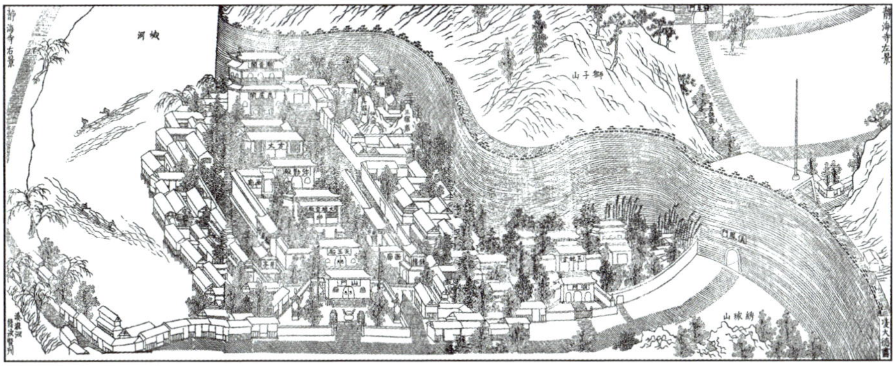

天妃宫（《金陵梵刹志》）

宫在宋为天庆观，元为玄妙观，明初赐名朝天宫，因作为百官臣僚演习朝贺礼仪之处，香火较为兴旺。天妃宫于永乐五年（1407）始建，据《金陵玄观志》记载，原有正殿、两廊、三清殿、玉皇阁等建筑，明代以后均由道士主持，成为一处著名的道教神祇。永乐十四年（1416），明成祖永乐皇帝敕建天妃宫碑，并亲题“御制弘仁普济天妃宫之碑”碑额。此外，南京西善桥还发现明初长春真人刘渊然墓，是近年来中国道教考古的一次重要发现[①]。长春真人刘渊然在明代早期宗教地位显赫，其墓葬的发现对探讨明代道教礼仪等均有重要价值，并且也表明明代南京是道教领袖主要的聚居地，是当时的道教发展中心，对后世道教文化的传播与发展有较大影响。

① 南京市博物馆：《南京西善桥明代长春真人刘渊然墓》，《文物》2012年第3期。

（三）伊斯兰教文化

南京是中国伊斯兰教传播、发展、转型的重要地区，早在明洪武年间，太祖朱元璋就曾敕建净觉寺于南京，并“御书百字赞，褒美清真，以示优异”，表明在明朝开国之初，南京伊斯兰教就已首先得到了开国皇帝给予的优异地位，奠定了伊斯兰教在中国传播与发展的基础。朱元璋敕建净觉寺，专供穆斯林举行宗教活动，不久遇火灾被毁。宣德年间，郑和第六次下西洋前夕，奏请宣德帝批准，动用国库银两重建。这是南京现存最早的清真寺。永乐十九年（1421）随着迁都北京，在南京已定型的伊斯兰教政策传入北京，对明清以后伊斯兰教政策的发展、演变也有着重要影响。清末民初，在全国兴起的伊斯兰教开始了近代转型，南京、北京“两京”为其转型发展的主要中心，直接影响了民国以后中国伊斯兰教文化的发展与走势。

在中国伊斯兰教历史上，穆斯林曾发生过两次大的迁徙，对中国内地整个伊斯兰教的发展产生了重要作用。除一次为元朝时期的迁徙外，最大的一次则发生在明前期，以南京为中心，吸引了中国境内不同地

净觉寺

区的穆斯林大量迁入。其中包括随明太祖起兵征战，如常遇春、陈大海等自淮、泗之间而入南京的回回将领及士兵，也有为拓建应天府城、明南京宫城、皇城及孝陵等国家工程，自各地招来的回回工匠，还有应诏而来南京的天文历算回回学者，迁入南京的穆斯林世家等。永乐十九年（1421）后，随着国都北迁，南京的回回人口随之减少，出现随军西征者，以及因政治中心转移而自行流动者。这次以中国境内不同地区的穆斯林再迁移为主的穆斯林迁移活动，以实现穆斯林在中国一定程度的密集居住为主要特征，从而形成了回族在我国“大分散、小集中”的分布格局，而南京则在这次迁移活动中扮演着至关重要的角色，至今在穆斯林中流传着“金陵回回遍天下”的感叹。

此外，汉文伊斯兰教译著活动是伊斯兰教中国化的重要内容，南京还是汉文伊斯兰教译著活动的发源地及前期活动中心。自明崇祯十五年（1642）王岱舆《正教真诠》首次刊印，至清乾隆四十一年（1776）刘智《天方至圣实录》由金陵袁氏启承堂首发，130 多年间南京一直是汉文伊斯兰教译著活动的中心，如王岱舆、张中、伍遵契、刘智等重要译著家的代表作品均在南京写成，或由南京的学者直接参与校阅修订[1]。

刘智《天方至圣实录》书影

刘智墓

① 李兴华：《南京伊斯兰教研究》，《回族研究》2005 年第 2 期。

因此，无论是汉文伊斯兰教译著著述之丰富，体系之完整，还是影响之深远，南京均可谓其中心。此外，明朝后期，王岱舆、张中等人将传统的伊斯兰教认主学同中国传统的儒释道相结合，满足了中国穆斯林尊崇至圣穆罕默德与中国至圣孔子结合起来的愿望，完成了伊斯兰教体系的中国化，促成了中国内地回族等伊斯兰教宗教学说体系的建立，为后世伊斯兰教在中国的传播发展奠定基础。

（四）基督教文化

天主教、东正教、新教并称为基督教三大教派，自唐贞观九年（1635），基督教聂斯托利派主教、叙利亚人阿罗本入唐传教，至明万历年间天主教耶稣会士经澳门入内地传教，基督教入中国传教共有三次，并以明万历年间至清光绪二十年（1894）传教活动时间最长、范围最广、影响最深。其中，南京作为明初的首都，明中期重要的内陆城市，吸引了大量的传教士往来，是利玛窦等传教士开展传教活动的重要地区。并且，随着基督教在南京奠定了传教基础，逐步向江南地区传播，使得基督教在江南地区的发展在全国居于领先地位。

利玛窦

明万历年间，意大利传教士利玛窦进入肇庆、韶州等地传教，随后三次进入南京，并在1599年通过与本地官绅人士的结交，在南京开始传教活动。特别是在基督教传教活动开展的过程中，得到了徐光启等高层仕宦的支持，促进了基督教文化的传播，及中西方文化、科技等多领域交流。这一时期耶稣会士主要以传播科学知识为布道手段，这些科学知识不仅为中国所无，而且在西方也属于很新颖的知识。耶稣会士来华传教，需要通晓中国语言文字，以及中华传统文化、信仰，甚至社会风俗。对中国文化的学习及对儒家经典的翻译、研究，均成为耶稣会士的“必修课”。因而，中国的传统文化得以在欧洲各国广为传播与流行，对欧洲国家的文化产生了强烈而深远的影响，为欧洲国家的近代文化发展提供了养料。并且，中国的有识之士通过向耶稣会士学习和吸收西方国家的科学技术知识，促进了中国具有近代意义的科学技术发展，使得中西方文化、技术相互影响，相互吸收，共同提高。

随着基督教文化在南京奠定基础，传教士开始在江南地区进行传教活动，由于受江南地方官绅的支持与帮助，并在一批素质极高的传教士的不懈努力下，南京、上海、松江、杭州等地的天主教传播相当繁荣。南京教堂始建于万历三十九年（1611），由意大利传教士王丰肃所建，是江南地区建立教堂较早的地区，虽1616年“南京教案”时被拆，但1641年后又建有天使堂、礼拜堂等四座教堂。据中国教务视察员伽马神父的记录，1664年江南教区共有教友55100人、大教堂12座、6位耶稣会传教士①。

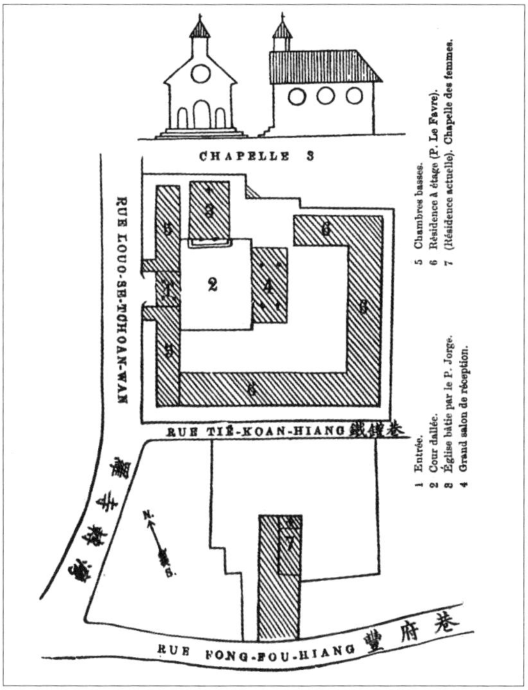

清朝石鼓路天主堂平面图
（法国盖拉蒂《金陵史地概况》）

不过，中国本土以儒学为主所形成的传统文化源远流长，在纲常观念、伦理道德、宗教精神等方面，与西方中世纪基督教文化之间都存在着较大不同。随着基督教文化在中

① （法）史式微：《江南传教史》第1卷，上海译文出版社1983年版。

基督教百年堂

国的不断深入，特别是利玛窦病逝后，耶稣会士改变传教策略，公开批评中国儒、佛、道等传统文化，使得中国以儒学为主的传统文化与西方中世纪基督教文化之间的隔膜与矛盾逐渐加深。万历四十四年（1616）七月由南京礼部侍郎沈榷为代表的明保守派官僚，联合某些佛、道人士，逮捕耶稣会传教士及天主教信徒十人，史称“南京教案”。“南京教案”的爆发，是东西方不同的文化价值观、晚明党派斗争等因素综合作用的结果，是晚明天主教传华后发生的第一起影响较大的反天主教事件[①]。

晚清民国年间，西方基督教通过办学校、开医院与建教堂等一系列手段，在南京取得较大发展。至今保存下来的有基督教百年堂、基督教道胜堂、太平南路圣保罗堂、莫愁路基督教堂等。

四、文学艺术

南京自古便是中国文化艺术的重镇，自六朝至清代，一直处于中国文化艺术发展的高地。六朝时期，以首都建康（今南京）为中心，涌现出一批彪炳史册的文学、艺术大家，创作出一批文学艺术名作。特别是《文心雕龙》《诗品》《画品》等文学批评、绘画理论著作的出现，制定了这一时期文学艺术创作的国家标准，影响了后世文学、诗歌、绘画创作的发展走向，奠定了南京文学艺术重心的地位。南唐虽偏安一隅，

① 周志斌：《晚明“南京教案”探因》，《学海》2004 年第 2 期。

但文化发展迅速，无论诗词、绘画，都达到我国古代艺术的巅峰，流传有《南唐二主词》以及《韩熙载夜宴图》《勘书图》等一批经典佳作，是我国文学艺术发展史上继往开来、名家辈出的辉煌时代。明清以后，作为明初首都及明清时期东南重镇与文化都会，南京孕育了许多著名的小说家、书法家、画家，诞生了一批重要的文学艺术著作。民国时期，南京文学艺术人物群星璀璨、成就辉煌，并随着西学东渐，形成了新的文学艺术高峰，对中国近现代文学艺术的发展起到决定性作用。

（一）文学方面

六朝时期，建康作为首都，不仅是当时的政治中心，更是文学艺术的中心。南朝刘宋时期，以谢灵运为代表开创了山水诗派，通过细致描写大自然景物，将诗歌从乏味的玄言诗中解放出来；颜延年则创造了对偶诗，并专门研究诗文的对偶与典故。南齐永明年间，沈约、谢朓等诗人对于“元嘉三大家”的谢灵运、颜延年、鲍照等诗歌创作技巧与得失利病进行总结与探讨，开创了“永明体”诗风，对后世诗文风格影响很大。史学方面，刘宋时范晔所著《后汉书》、裴松之所著《三国志注》、南齐沈约编著的《宋书》和梁代萧子显编著的《南齐书》等，均编写于建康，在我国史学宝库中占有重要地位。此外，昭明太子编著的《文选》选取上自先秦、下迄梁朝的 129 位作家的作品，是现存最早的一部古代文章总集。刘勰《文心雕龙》、钟嵘《诗品》等文学理论著作，开启了古代文学批评理论的成熟阶段，创造了这一时期文学创作的国家标准，开创了我国文学、诗歌批评史上新的里程碑。特别是刘勰所著《文心雕龙》，被誉为中国文学史上第一部系统的文学评论著作，至今研究《文心雕龙》已成为一门学问，称为“龙学”。

南唐虽偏安一隅，但经济文化空前繁荣，促进了诗词等文学艺术的发展。特别是以李璟、李煜父子和宰相冯延巳为代表创作的词作，继承了晚唐以来温庭筠、韦庄的“温韦”词风，并在题材和意境上有所突破，对中国诗词艺术发展影响很大，后世称为南唐词派。代表作品如李璟《浣

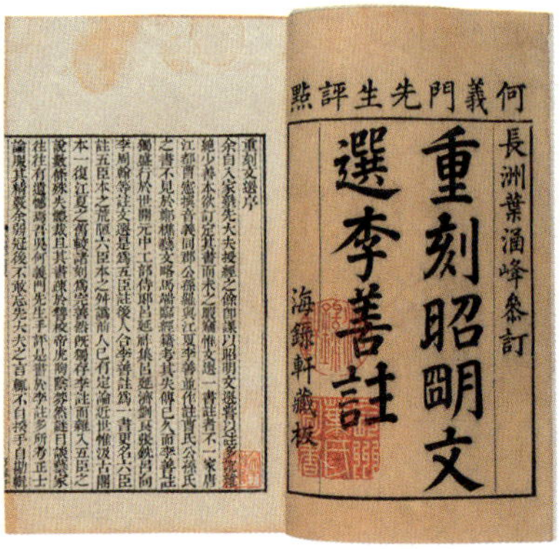

《昭明文选》书影

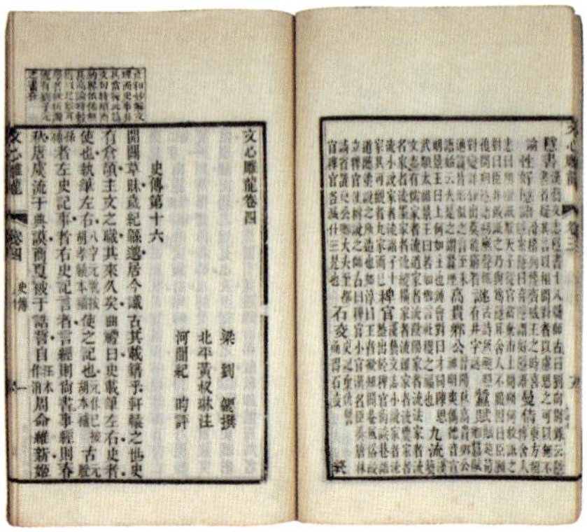

《文心雕龙》书影

溪沙·菡萏香销翠叶残》，最为后世称颂，历代词人对其评价甚高；李煜则有“词圣”之誉，其《玉楼春·晚妆初了明肌雪》《虞美人·春花秋月何时了》《菩萨蛮》等，被后世广为传颂，奉为圭臬。在南唐二主引领下，朝中众多“俊杰通儒”积极参与曲子词作的填制，使得南唐词在艺术技巧方面更具雅丽清畅、舒朗有致的特点，不仅摒弃了晚唐以来文词意象繁密的通病，使得脉络清晰、主旨分明，并展现出文雅秀丽的词作面貌。如宋人李清照在《词论》中，对南唐词作的文雅表现出格外赞赏，称“五代干戈，四海瓜分豆剖，斯文道息，独江南李氏君臣尚文雅”。因此，南唐词成为词体文学发展演变新阶段的重要标志，对宋代，乃至明清以后中国词作的发展有着重要的影响。

李煜

明清时期是我国古代小说创作发展的高峰，在这一时期南京孕育了一批扛鼎之作，如《拍案惊奇》《封神演义》《桃花扇》《儒林外史》《红楼梦》等，或者直接创作于南京，或者其作者长期生长于南京，无论创作因缘还是表现内容均与南京密切相关。其中，《儒林外史》由吴敬梓在南京创作完成，代表了清代讽刺文学的艺术成就，钱钟书先生在《小说识小》中，就称《儒林外史》为“吾国旧小说巨构”，特别是其

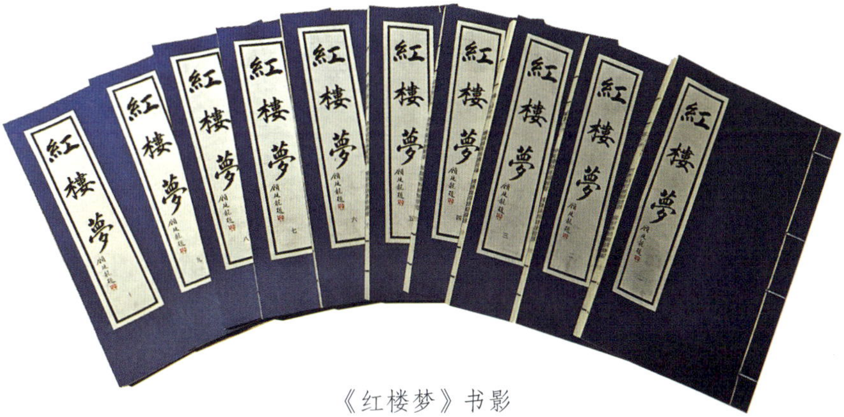

《红楼梦》书影

结构学在我国六大古典小说中别具一格。此外，许多明清小说对古都南京都表现出别样的热情，对南京各种风土人情、人文景观持有高度关注并多次描写，自然风物也多被赋予更多的文化内涵，经过长久积淀与发展，至巨著《红楼梦》《儒林外史》中则发展形成了一种内涵丰富的“金陵情结”[①]。

民国时期，南京作为全国文化中心，融合了新的治学方法，对文学进行了全面、系统的研究，创作出一系列具有开创性的学术著作，如南京曾先后发行《开展月刊》《文艺月刊》等十余种刊物，巴金、张恨水、臧克家、何其芳等作品都曾在这些刊物上发表，对中国现代文坛影响巨大。

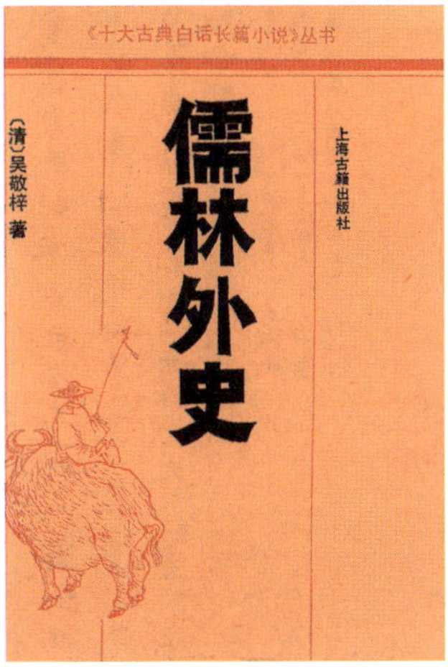

《儒林外史》书影

（二）书法绘画

六朝时期是我国思想艺术自由开放、追求自我觉醒的时代，随着佛教兴盛、玄学博兴，以及清谈风气的盛行，文人士大夫多追求高洁的精

① 葛永海：《明清小说中的“金陵情结”》，《江苏社会科学》2004 年第 10 期。

神世界，促使这一时期的书法、绘画等艺术均得到快速发展，并对后世中国艺术的发展产生了巨大影响。其中，书法方面，六朝时期涌现出钟繇、王羲之、王献之等彪炳艺术史册的书法巨匠，诞生了《兰亭序》《黄庭经》《姨母帖》《快雪时晴帖》等一大批千古传颂的作品，留存下《天发神谶碑》《葛祚碑》《谷朗碑》《梁始兴忠武王萧憺墓碑》等珍贵石碑书帖。特别是《天发神谶碑》位于建康城南岩山段石岗，以方笔写篆，意在篆隶之间，风格雄伟奇特，对后世书法影响很大，清代书画家赵之谦和近代书画家齐白石的书法篆刻作品多从此碑中汲取营养。《梁始兴

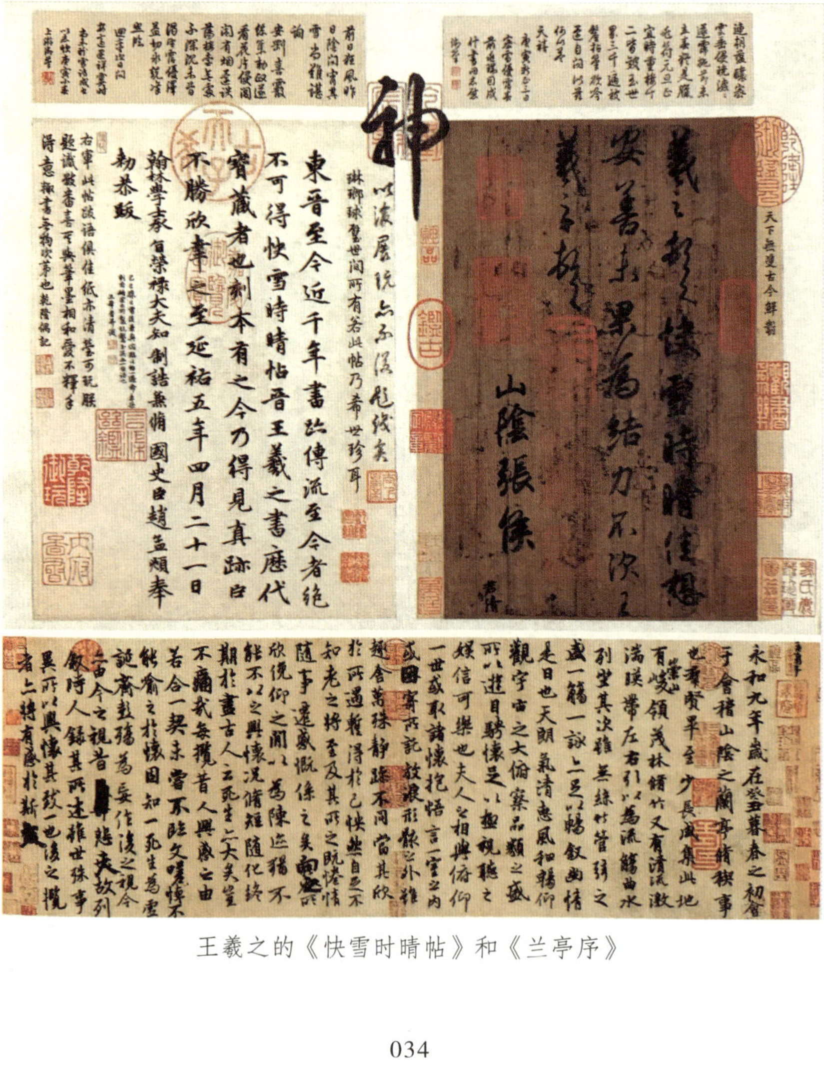

王羲之的《快雪时晴帖》和《兰亭序》

忠武王萧憺墓碑》虽为楷书，但带有行书笔意，苍劲有力，有较强的艺术感染力，是南方碑刻中的佼佼者，清代金石家莫友芝就在《宋元旧本书经眼录》中，盛赞其“上承钟（繇）、王（羲之），下开欧（阳询）、薛（稷）”。同时，六朝书法特别是二王作品，对北方书法的发展也产生了积极影响。

绘画方面，这一时期山水画已发展成为一门独立的画科，花鸟画出现萌芽，人物画、肖像画也取得前所未有的发展，出现了一批杰出的画家，以被后世誉为“六朝三杰”的顾恺之、张僧繇、陆探微最具代表。其中，顾恺之善绘人物，谢安对其推崇备至，称其“自苍生以来未有之”。他所创作的《女史箴图》《洛神赋图》《斫琴图》《烈女仁智图》等许多名品，至今仍为后人临摹传世，是研究我国古代绘画艺术、美学发展的重要资料。南朝时期陆探微也以善绘人物肖像画著称，并以东汉书法家张芝的草书运用到绘画上，被誉为书法入画第一人，从古代圣贤、名士到鸟兽等无不精湛，对后世影响颇深。梁朝的张僧繇则在中国绘画史上具有承前启后的作用，他不仅总结了顾恺之、陆探微等六朝时期画法，并开启了隋唐绘画风格的先河，使得中国绘画发展到新阶段。此外，这一时期绘画理论的发展也日趋成熟，如顾恺之提出“以形写神”的重要

顾恺之《洛神赋图》局部（北宋佚名摹本，辽宁省博物馆藏）

顾闳中《韩熙载夜宴图》局部（北京故宫博物院藏）

绘画理论，奠定了后世谢赫“六法”的基础。谢赫的《画品》诞生于南朝齐，在我国绘画史上首开品画之先河，是我国历史上第一部系统的绘画批评著作，对我国绘画史学及画品、画论的发展有着重大的历史意义。该书在总结历代绘画经典基础上，提出中国绘画的“六法”理论，即气韵生动、骨法用笔、应物象形、随类赋彩、经营位置、传移模写，组成了一个完整的品评理论体系①。“六法”理论奠定了我国绘画理论的基础，对后世影响很大，成为历代习画的基本准则。

南唐时期，中国的书法、绘画艺术发展到了顶峰。特别是中宗李璟在南京创立了翰林图画院，史称“南唐画院”，是南京最早建立的画院，顾闳中、周文矩、徐熙、董源和巨然等绘画名家齐聚南唐画坛，推动了中国古代绘画史的高度发展，并开创了南派山水画派，无论对当时还是以后的绘画艺术发展与繁荣都起到了积极的作用。就艺术特点上，南唐画院继承各代宫廷绘画的传统，人物、花鸟、山水多趋于工笔重彩，造型富贵华美。其中，以顾闳中、周文矩为代表的人物画，徐熙为代表的花鸟画，董源和巨然代表的山水画，体现了这一时期中国绘画技艺发展的高度。人物画方面，顾闳中《韩熙载夜宴图》为古代人物画杰作，是现存唯一一幅古代宴会场景图，描绘了韩熙载同宾客们聆听歌姬演奏琵琶的场景，笔法功力深厚，对不同身份、不同年龄及不同性格的人物，

① 陈池瑜：《谢赫〈画品〉的历史价值及若干问题辨析》，《艺术百家》2009年第2期。

董源《溪岸图》（大都会博物馆藏）

均有很好的描绘，代表了五代时期人物画最高成就。周文矩则首次将李后主书法中的“颤笔”技巧应用于人物绘画上，使得人物衣纹细劲屈曲，柔中有刚，是中国绘画技法上的一大突破。山水画方面，画院山水画既重工笔重彩，又有水墨淡彩之作，如山水大家董源既画青绿山水又绘水墨山水，并由此形成山水画南北两大宗派，南宗画派开山鼻祖即为董源。与北方雄伟的山水明显不同，江南气候湿润，峰峦出没，表现技法也有较大差别，董源对山水林木做了细致深入的观察，并融王维水墨，李思训着色之长，形成自己独特的风格，借助对真山真水的描写，抒发自己的性灵，其传世作品《夏山图》《寒林重汀图》《秋山行旅图》《溪岸图》等，多是“出自胸臆”、抒发“性灵”之作。

明清以后，南京地区出现了一支引人注目的画派——金陵画派，以龚贤为首的八位画家代表了这一时期南京地区高超的绘画水平。其中，龚贤久居于南京清凉山下“半亩园”，以卖画为生，传世佳品包括《摄山栖霞图》《清凉环翠图》《春山图》等，是明清时期画坛代表人物。此外，如石溪（髡残）、青溪（程正揆），人称“二溪”，寓居金陵，也是此时画坛领军人物。明末清初，南京画坛异常活跃，各地画家均涌向南京，以至于短时期活动于此的画家，几乎包括了全国最负盛名的名师巨匠。正如龚贤在《题程正揆山水册》中所言，“今日画家以江南盛，

龚贤《清凉环翠图》

江南十四郡以首郡（南京）为盛，郡中著名者且数十辈……”民国以后，南京画坛流派纷繁，风格各异，成为中国画坛的中心，汇集了一批书画大家，创作出中西交融的艺术作品。如林散之、胡小石、高二适、徐悲鸿、傅抱石、陈之佛等，均是近当代书画巨匠，推动了近当代书画艺术的深远发展。

总体看来，在中国古代文学、艺术发展史上，南京一直处于关键地位，文学、书法、绘画、雕刻等方面都名家辈出，影响着中国乃至东北亚地区文学、书画等艺术的发展，并对中国文学艺术发展起着至关重要的作用。

五、史学方志

六朝时期，不仅是我国文学艺术自觉的时代，也是史学自觉的时代。这一时期，在都城建康，汇聚了一大批来自各地的精英，他们热衷于私家修史，继承秉笔直书传统，促使史学获得长足发展。宋文帝时，四学馆的设立，标志着史学成为一门独立的学科。宋明帝时，设总明观（相当于国子监）。总明观分儒学、道学、史学、文学、阴阳学五部，沿袭了宋文帝时的分科教育传统。六朝时期史学繁荣，突出表现为史家辈出，史书众多，体裁广泛，门类齐备，不仅同一史学领域的史学著作层出不穷，而且新部门、新体制的史学著作也纷纷涌现[①]。

① 万绳楠：《魏晋南北朝文化史》，黄山书社1989年版。

《隋书》卷33《经籍志二》“史部”记载的史书门类有正史、古史、杂史、霸史、起居注、旧事篇、职官篇、仪注篇、刑法篇、杂传、地理志、谱系篇、簿录篇十三种，“凡史之所记，八百一十七部，一万三千二百六十四卷。通计亡书，合八百七十四部，一万六千五百五十八卷。”二十四史中，六朝建康就贡献了三部——范晔《后汉书》、沈约《宋书》、萧子显《南齐书》。历史地理类著作中，以南朝刘宋山谦之《丹阳记》、梁朝任昉《地记》、陈朝顾野王《舆地志》比较有名。其中山谦之《丹阳记》部分保留下来，是今天能够见到的南京最早的方志。目录学著作中以刘宋王俭《七志》、梁朝阮孝绪《七录》较为有名。

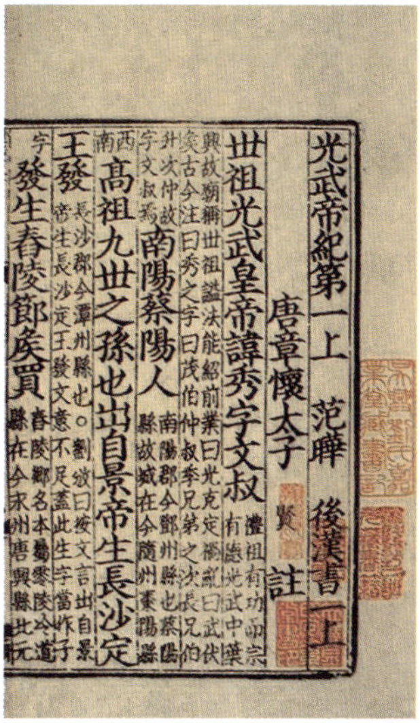
光武帝紀第一上　范曄　後漢書一上
唐章懷太子賢註
世祖光武皇帝諱秀字文叔
南陽蔡陽人
高祖九世之孫也出自景帝生長沙定王發
發生舂陵節侯買

《后汉书》书影

隋唐时期，南京作为“废都”，由于兴废的巨大落差，使其与首都长安一样受到世人的关注。唐朝史学家许嵩撰写的《建康实录》记载了建康（今南京）在孙吴、东晋、宋、齐、梁、陈六代中的史实及轶事。全书原有20卷，现已残缺。该书广征博引，记述翔实，保存着正史不载的罕见资料，是研究六朝史、南京历史地理的重要典籍。南唐君主重用文臣，以文治国，开启北宋文人政治之先河。北宋马令撰

《南齐书》书影

《宋书》书影

写的《南唐书》30卷和南宋陆游撰写的《南唐书》18卷，详细记载了南唐的历史。

南宋地方文献留存下来的还有张敦颐《六朝事迹编类》、李焘《六朝通鉴博议》和周应合《景定建康志》。其中由南宋建康府明道书院山长周应合主持编纂的《景定建康志》，是我国历史上的一部名志，也是南京现存最早、最完整的一部地方志。该书体例完备，内容赅博，引用史料丰富，内容包括建置、疆域、山川、城阙、职官、科举、财赋、名人、儒学、文籍、武卫、河渠、关隘、金石、名迹、风土等方面。书中对若干地名做了精细考辨，还附有20幅地理图，为以前方志所未见。由曾担任奉元路学古书院山长张铉编纂的《至正金陵新志》，是现存的元代唯一一部关于南京的方志，其体例和篇目基本沿袭《景定建康志》，书中广为辑录各种历史文献，尤以丰富的元代南京地方史料最为珍贵，是研究元代南京地区历史地理的重要参考文献。

明朝建立后，在史学和乡邦文献方面，宋濂等人编纂的《元史》，礼部编纂的《洪武京城图志》，陈沂《金陵古今图考》《金陵世纪》《献花岩志》，盛时泰《牛首山志》《栖霞小志》，焦竑《焦氏笔乘》，朱之蕃《金陵图咏》，顾起元《客座赘语》，周晖《金陵琐事·续金陵琐

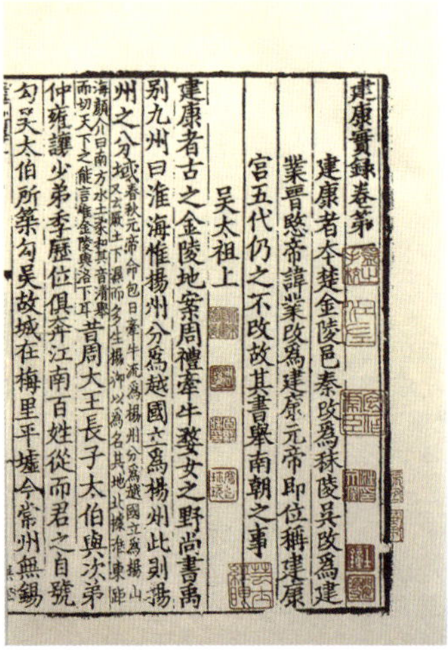
建康實錄卷第一
建康者本楚金陵邑秦改爲秣陵吳改爲建
業晉愍帝諱業改爲建康元帝即位稱建康
宮五代仍之不改故其書舉南朝之事
吳太祖上
建康者古之金陵地案周禮牽牛婺女之野尚書禹
別九州曰淮海惟揚州分爲越國立爲揚州此則揚
州之分域
昔周大王長子太伯與次弟
仲雍讓少弟季歷位俱奔江南百姓從而君之自號
勾吳太伯所築勾吳故城在梅里平墟今常州無錫

《建康实录》书影

《南唐书（两种）》书影

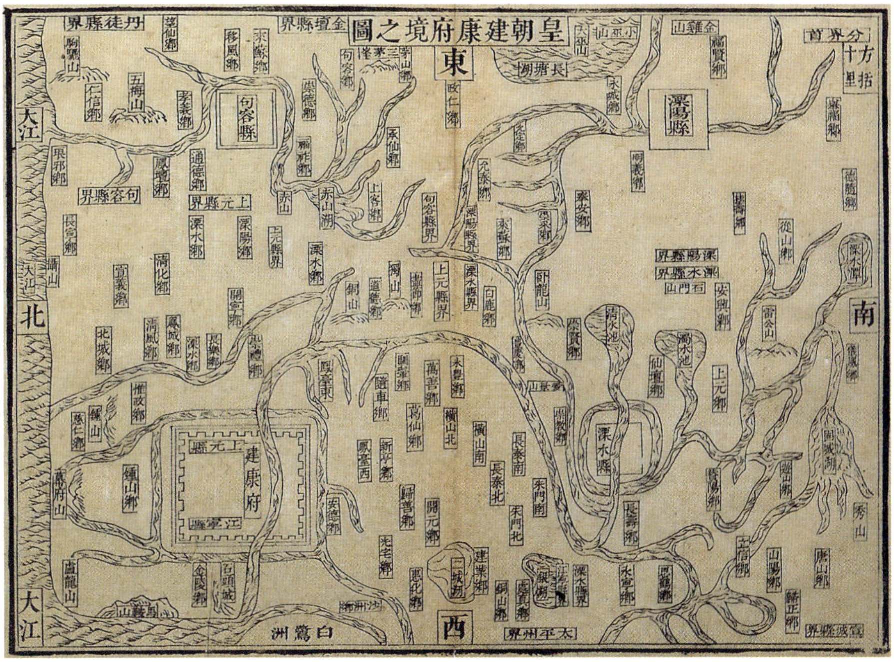

《景定建康志》中的皇朝建康府境之图

事·二续金陵琐事》，葛寅亮《金陵梵刹志》《金陵玄观志》，赵官《后湖志》，黄佐《南雍志》，以及闻人诠《南畿志》，程嗣功、王一化《万历应天府志》，王逢年《南京吏部志》，陶尚德、庞嵩等《南京刑部志》，范景文、张可仕《南枢志》，徐必达、施沛《南京都察院志》等，在南京乃至中国文化史上都占有一席之地。明朝定都南京的 53 年里，南京文化的成就又一次达到了顶峰。我国古代辑录最为广博、内容最为丰富的大型类书《永乐大典》，就是在南京由解缙、姚广孝等人编纂而成。全书正文 22877 卷，凡例和目录 60 卷，装成 11095 册，总字数约 3.7 亿字。书中保存了中国上自先秦、下迄明初的各种

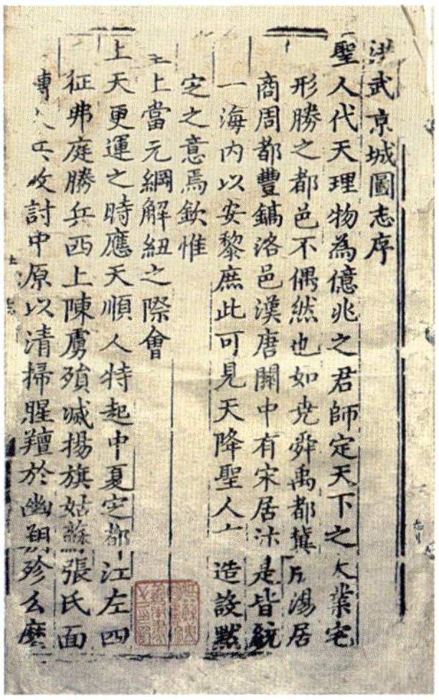
洪武京城圖志序
聖人代天理物為億兆之君師定天下之大業宅
形勝之都邑不偶然也如堯舜禹都冀方湯居
商周都豐鎬洛邑漢唐關中有宋居汴是皆統
一海內以安黎庶此可見天降聖人以造設
定之意焉欽惟
主上當元綱解紐之際會
上天更運之時應天順人特起中夏定都江左四
征弗庭勝兵西上陳虜殄滅揚旗姑蘇張氏面
討中原以清掃腥羶於幽朔殄幺麼

《洪武京城图志·序》书影

典籍资料达8000余种，是中国古代最大的百科全书。300年后清代乾隆年间编纂的《四库全书》就是直接受到《永乐大典》的影响。[①]

清代南京地方文献的编纂和研究也颇具亮点。著名的有于成龙、王新命等修，张九征、陈焯编纂的《康熙江南通志》，陈开虞纂修《康熙江宁府志》，于成龙纂修《康熙江宁府志》，尹继善等修、黄之隽编纂的《乾隆江宁府志》，吕燕昭修、姚鼐纂《嘉庆江宁府志》，以及余怀《板桥杂记》、顾炎武《建康古今记》、余宾硕《金陵览古》、汤椿年《钟山书院志》、马士图《莫愁湖志》、陈毅《摄山志》、王友亮《金陵杂咏》、汤濂《金陵百咏》、严观《江宁金石记》、陈文述《秣陵集》等。

民国时期，南京地方文献的整理出版种类繁多、成果喜人，有徐寿卿《金陵杂志》《续金陵杂志》，潘宗鼎《金陵岁时记》《扫叶楼集》，张通之《白门食谱》，缪荃孙《秦淮广记》，王猩酋《雨花石子记》，胡祥翰《瞻园志》《金陵胜迹志》，傅焕光《总理陵园小志》，张惠衣《金陵大报恩寺塔志》，王焕镳《首都志》《明孝陵志》，夏仁虎《秦

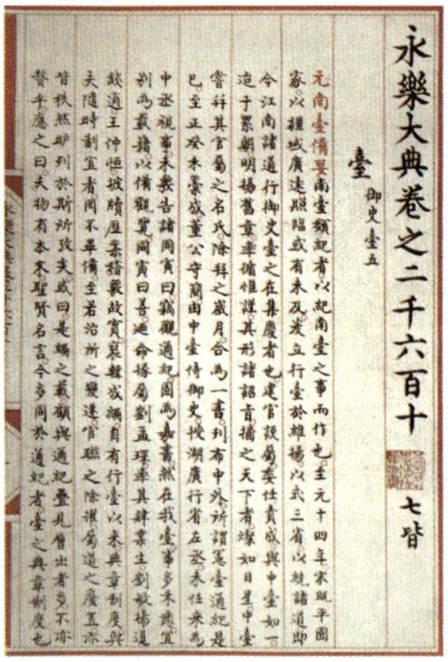
永樂大典卷之二千六百十

《永乐大典》书影
（中国国家博物馆藏）

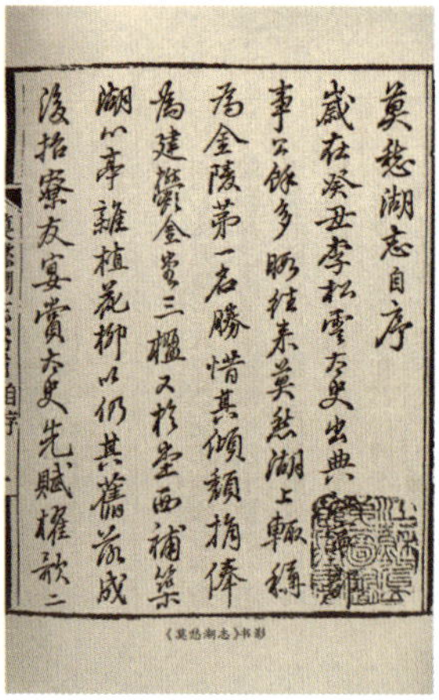
莫愁湖志自序

《莫愁湖志》书影

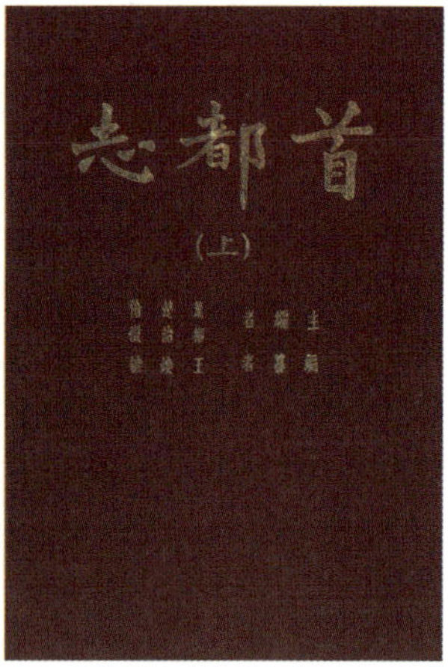

《首都志》书影

---

① 周晓聪：《〈永乐大典〉与〈四库全书〉编纂的比较》，《天水师范学院学报》2006年第1期。

淮志》，卢前《冶城话旧》，张璜《梁代陵墓考》，中央古物保管委员会编辑委员会《六朝陵墓调查报告》，朱偰《金陵古迹图考》《金陵名胜古迹影集》，南京市政府秘书处《新南京》等。

六、科教文化

古代南京是华夏大地的科技创新发源地之一，素以人文荟萃、科教发达著称。六朝时期，以首都建康（今南京）为中心，在数学、天文、医药等科学技术方面均取得令人瞩目的成就。唐宋以后，随着经济重心南移，南京作为江南重镇科技水平得到极大发展。至明代，鉴于早期的首都地位和永乐朝以后的留都地位，南京地区科技水平发展达到顶峰，创立了钦天监等国家天文台机构。民国以后，随着中华民国首都地位的奠定，南京又成为全国性的科教中心，高校研究机构云集，科教人才资源荟萃，在中国近代史上也发挥了重要作用。从现存科教文化遗产看，南京有科教文化资源全国重点文物保护单位 12 处，仅次于北京。

（一）领先世界的数学

在世界数学史上，计算圆周率的精确程度，往往是人们衡量一个国家数学发展水平的重要尺度。我国南北朝时期的数学家祖冲之，在公元4 世纪就把圆周率精确到小数点后七位，从而把我国数学水平推入一个光辉灿烂的时期。祖冲之不仅是世界重要的数学家，同时，他还曾编制《大明历》，发现交点月，把岁差运用到历法上，复原指南车，发明千里船，创制水碓磨，是影响我国古代科技水平发展的重要科学家。祖冲之原籍范阳蓟县（今河北省涞水县），西晋末年其先祖从河北迁居江南，并在江南定居。祖冲之在南朝宋、齐曾先后任职，并长期在华林园（今江苏省南京市九华山及其以南一带）从事科学活动。

汉代以前，圆周率一直采用“径一周三”，数值很不精确。随着生产和科学的发展，自汉、三国以来，一些学者就开始寻求比较精确的圆

祖冲之

周率值，“自刘歆、张衡、刘徽、王蕃、皮延宗之徒，各设新率，未臻折衷。”其中，魏晋之间的刘徽首创用“割圆术”求圆周率，得出 π 值等于 3.1416。祖冲之不满足于刘徽的结果，希望求得更为精确的圆周率，便在刘徽创造的“割圆术”科学方法上，运用开密法，反复推算，计算出圆周率的准确值介于 3.1415926 和 3.1415927 之间，首次将圆周率精确至小数点后 7 位。这一结果相较 15 世纪阿拉伯数学家阿尔·卡西和 16 世纪法国数学家维叶特的推算，足足领先了一千多年，在世界数学史上具有突出成就。此外，祖冲之还给出两个用分数形式标识的圆周率近似值，并首次提出密率。鉴于密率是祖冲之最先提出来的，日本著名数学史学家三上义夫还曾建议将“密率”正式改名为“祖率”①。

除此之外，祖冲之及其父祖暅之在前人基础上，进一步提出了求球体积的准确公式，即“幂势相同，则积不容异”，后人称之为“祖氏定理”。在西方，直到 17 世纪才由意大利数学家卡瓦列里提出类似定理，较祖氏父子晚了一千多年。此外，祖冲之制定的新历《大明历》，在中国历法史上第一次计入岁差，其日月运行的周期数据相较前代历法都更加准确，并测算出一个回归年的长度是 365.2428 日，与现代测量仅差 52 秒。综上所述，以祖冲之为代表的我国南北朝时期的数学、天文学、历法等成就，已达到领先世界的水平，对此后中国古代科技的发展具有重要的促进作用。

① 张惠民：《祖冲之家族的天文历算研究及其贡献》，《陕西师范大学学报》（自然科学版）2002 年第 4 期。

（二）高超的天文学

天文和历法是我国传统文化中的重要内容，二者同属于天文学范畴。我国作为以农业生产为主的传统古国，人们的生存发展有赖于掌握四时的变化更替。对日月星象的观测和计算是定朔制历的重要依据，也是开展农耕活动的前提。中国古代天文体系自汉代形成后，到六朝时期继续发展，并在天文、历法等方面都有所创新。隋唐宋元以后，在大一统国家统治下天文历法继续得到长足发展。明代南京作为都城，设立国家天文台——钦天监，编制、颁行国家历法，形成一套自上而下的庞大体系，并影响着国家生产、生活的诸多方面。

作为六朝首都，建康（今南京）在发展天文历法方面占有得天独厚的优势，取得了一系列突出成就。孙吴时期太史令陈卓在前人研究基础上，创造了包括“二百五十三官，一千五百六十五星”的全天恒星体系，为我国古代研究观测星象提供了基础，并为后人沿用了一千多年。东晋南朝时期，在北极阁建观象台，观测天文气象。南朝刘宋太史令钱乐之奉文帝之诏，重新铸造浑天仪，相较于东汉张衡所制浑天仪，“地在天内”的创造性进步，使其成为近代天象仪的始祖。

随着天文学的发展，我国古代历法制定更趋精确。东晋时期，虞喜提出“岁差”的概念，经过推算，发现每50年冬至点在黄道上向西移1度，是我国天文历法上的一项重大发现。南朝刘宋时期，祖冲之在吸收东晋虞喜“岁差”理论，结合十六国北凉《元始历》的基础上，编制出新历《大明历》。这一历法首次提出每391年设置144个闰月，回归年长度与交点月长度与今测值十分相近。因此，新闰法大大提高了《大明历》的准确性，使得该历法较以前所有历法都更加准确，一直沿用至隋代开皇九年（589），才被新历法取代。此外，《大明历》也是我国历法史上第一次计入岁差，并将恒星年和回归年区别开来，是我国天文历法的一次大进步。

明代在南京设立的钦天监主要掌管天文、制订历法、推算节气，并为皇室典礼选宝地、择吉日，其活动涵盖了国家生活的多个方面，

鸡笼山今貌

是明代政治有序进行的重要保障。明洪武十八年（1385），明政府在南京鸡笼山原有的“观象台”基础上，建立了钦天监，为我国当时设备比较完备的一座国家天文台，相较英国格林尼治天文台早了290年。曾经到访过南京的意大利传教士利玛窦，在第一次目睹皇家钦天监精美的天文仪器时，就在《利玛窦中国札记》中记录：“其规模和设计的精美远远超过曾在欧洲看到的和知道的任何这类东西。”[①] 明代在南京聚宝山（今雨花台）上还建有一座采用阿拉伯人天文成就的观象台，由“钦天回回监”管理。此外，明朝历法方面，由钦天监制订、颁行的《大统历》，包括上历、东宫历、王历、民历等种类，是建立在集权政治基础上的自上而下的历法，体现出明王朝统治的等级之分和尊卑之别，是用来规范社会阶层秩序的朝廷历法，其采用的天文数据也是当时世界上最先进的。

① （意）利玛窦、（比）金尼阁著，何高济、李遵仲、李申译：《利玛窦中国札记》，中华书局1983年版。

（三）“中学为体，西学为用”的近代教育

清末洋务运动兴起后，为振兴民族工业，在南京开展创办洋务军事工业技术学校和新式军事学堂等举措，先后建立起军事学堂、矿务学堂、外国语学堂、华侨学堂、师范学堂等新式教育学堂。其中，以江南水师学堂、江南陆师学堂、三江师范学堂、国立中央大学，以及金陵大学影响最大，在中国近代教育发展史中占有重要地位。

江南陆师学堂总教习骆博凯像和名片

江南水师学堂创办于1890年，是一所海军专科学校，由两江总督曾国荃提议，依照英国规制设立，校址位于下关仪凤门内花家桥（今南京市城北挹江门内）。该学堂以培养海军军事技术人才为宗旨，先后由桂嵩庆、方硕甫、黎锦彝等担任总办（即校长），分设驾驶、管轮两课，每期学生约120名，另附设鱼雷专科一班，定额10名。江南陆师学堂创办于1896年，由两江总督张之洞奏请创办，原址位于南京城北三牌楼（今中山北路三牌楼），学堂专门从德国聘请骆博凯担任总教习，负责教习炮兵、步兵、造堡垒等课程。此外，陆师学堂还附设矿路学堂，课程设计以矿务之主，铁路为辅。

三江师范学堂创立于1903年，由洋务派代表人物张之洞奏请设立。为规划学堂建设，张之洞派人专赴日本考察、学习。师资力量除包括中国有经验和学识的教习，还有专门从日本聘请的10位高等师范教习。1905年，三江师范学堂更名为“两江优级师范学堂”。1906年，著名学者李瑞清接任学堂监督一职，倡导立足中华，放眼世界，追求现代科

三江师范学堂开学时，张之洞（左六）与李瑞清（左二）等人合影

学技术和世界知识，聘请中外著名教授来学堂执教，使得两江师范学堂学科制度与课程内涵都有所改变，去旧布新，学堂呈现出一派新气象。1914 年，在两江优级师范学堂旧址上筹建的南京高等师范学校（简称南高），由江谦任校长，于 1915 年正式成立。1921 年，在南京高等师范学校基础上建立起东南大学，它是南京最早的国立综合性大学，后几经更名，1928 年改为国立中央大学。1937 年抗日战争爆发后，国立中央大学西迁重庆，1946 年还校南京。1949 年南京解放后，国立中央大学改名为国立南京大学。1952 年院系调整时，更名为南京工学院。1989 年，恢复东南大学旧名。自三江师范学堂设立后，历年培养的优秀毕业生，包括著名科学家秉志、国学大师胡小石、画坛名家张大千等等，在中国近代教学史上占有重要地位。

金陵大学是美国教会组织——亚洲基督高等教育联合董事会，在中国创办的十三所大学中建造时间较早、规模较大的一所学校，也是南京最早的一座教会大学。1888 年，美国基督教会传教士傅罗在南京干河沿创办汇文书院，首任院长是美国人福开森，

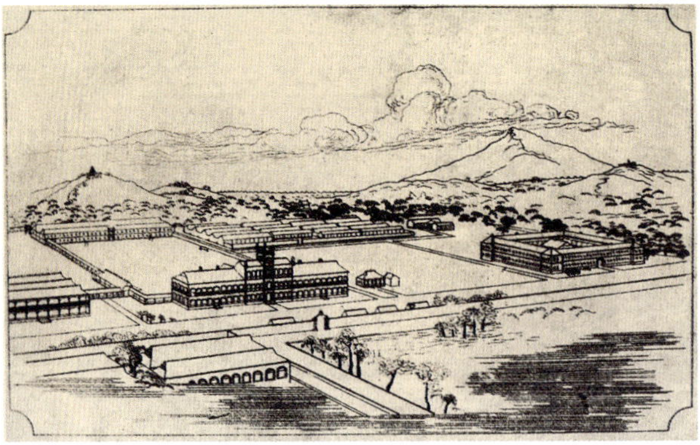

两江优级师范学堂全景图

金陵大学旧影（美国国会图书馆藏，1920 年）

始设文科，学生仅 15 人。1910 年汇文书院与宏育书院合并，取名金陵大学堂，俗称金陵大学，美国人包文任校长，文怀恩任副校长，仍以干河沿汇文书院为校址，同时，在鼓楼西坡择地建筑大学新校舍。当时该校仅设文科，后来分设文理、农林两科，至 1926 年文理、农林两科之下共设有国文、外语、宗教、教育、历史政治、社会经济、数理、化学、森林、棉作、蚕桑、农业经济、乡村教育 13 个系，附设有鼓楼医院、金陵附属中学等学校。1927 年，国民政府在南京成立后，收回教育权。1928 年 9 月，经国民政府大学院（教育部的前身）批准，设立文、理、农三学院。抗战前夕，金陵大学西迁，原校址被“南京安全区国际委员会”列为难民区难民收容所，住进了大批的难民。1941 年，汪伪国民政府在金陵大学原址兴办中央大学。1945 年日本投降后，金陵大学驻宁人员接收汪伪中央大学。同年 9 月，学校在南京复课。1949 年 8 月 8 日，更名为国立南京大学。1951 年，李方训任校长，同年，与金陵女子文理学院合并，改为公立金陵大学。1952 年，更名为南京大学。

汇文书院旧影

金陵女子大学是美国北长老会、北浸礼会、基督会以及南、北卫理公会共同创办的，成立于1915年春，是中国第一所女子大学。首任校长为劳伦斯·德本康夫人（1915—1927）。最初，德本康夫人租赁南京明故宫附近绣花巷李氏宅院作为金女大临时校址。1915年9月17日，金女大正式开学，学制4年，设文、理两科。当时只有11名学生，6名教职员。1919年，首届金女大毕业生共5人，她们是最早在中国大学里获得学士学位的女大学生。1921年，金女大得到了美国各教会提供的60万美元经费，于是在宁海路一带购置160亩土地，开始了建校工作。金陵女子大学校舍由美国著名建筑师墨菲设计，陈明记营造厂承建，1922年开工建设，1923年建成6幢宫殿式的建筑，它们分别是会议楼（100号楼）、科学馆（200号楼）、文学馆（300号楼）及3幢学生宿舍（400号楼、500号楼、600号楼）。1924年，又建成1幢学生宿舍（700号楼）。1934年，建成图书馆和大礼堂。整个校园建筑充分利用自然地形，按照东西向的轴线布置，布局工整，平面对称。1927年，南京国民政府成立后，提出收回教育权的要求。德本康夫人被迫辞职。1928年，金女大改组校董会，推选金女大首届毕业生吴贻芳为校长（1928—1951）。1930年，根据国民政府教育部的规定，高等学校

金陵女子大学旧影

金陵女子大学绣花巷校区大门

必须有三个以上学院者才可称为“大学”，而金女大只有文、理两个学院，故改名为“金陵女子文理学院”。1942年，金陵女子文理学院校舍被日军占用，成为日军卫戍司令部。1946年4月，金陵女子文理学院返回南京，9月复课。1951年，金陵女子文理学院并入金陵大学。1952年7月，全国高等学校院系调整时，在金陵女子文理学院原址建立了南京师范学院。1984年，南京师范学院更名为南京师范大学。

总体看来，无论是江南水师学堂、陆师学堂以及矿路学堂等，均为清末洋务派遵循“中学为体，西学为用”的教育思想创办。在课程设置上，除传统的旧学课程外，其他均以自然学科和各种专业技术学科为主，起到开通风气、传播西学等重要作用。三江师范学堂、金陵大学、金陵女子大学作为我国最早创办的师范学堂与教会大学，也是南京历史上具有现代意义的三所高等学府，毕业生中人才济济，对我国近现代社会向现代化工业社会转型，促进我国高等院校教育建设起到了积极的推动作用。

（四）民国转型期的科技发展

民国时期，以国立中央研究院为代表的科技学术研究机构设立，奠定了我国近代科技事业发展的基础，促进了民国时期科技发展的转型。

国立中央研究院，1928年在南京设立，是中华民国最高学术研究机构，直隶于国民政府（1948年5月以后改隶于总统府）。抗战期间，西迁川滇，各研究所分设于重庆、北碚、李庄、昆明四区，抗战胜利后重新迁回南京、上海，直到1949年10月，大部分研究机构回归人民怀抱，成立时间前后历时21年左右。研究院共设有特任级院长1人，其下设行政、研究、评议三机构，主要任务包括两个方面：一是实行科学研究，二是指导、联络、奖励学术研究。1927年10月1日，国民政府设立大学院，隶属于国民政府，管理全国学术及教育行政事宜。研究院自成立后，陆续按学科分科设置各研究所，到1937年抗战爆发时为止，已设立物理、化学、工程、地质、天文、气象、历史语言、心理、社会科学

中央研究院历史语言研究所

及动植物十个研究所。理、化、工三研究所设在上海，其余各所均设于南京，并在南京成贤街旧法制局内设立总办事处（北极阁新址落成后，办事处迁往新址办公），以办理全院一般行政事宜。1948年冬，国民政府摇摇欲坠，国民党当局企图将中央研究院人员和财务劫往台湾，但随着国民党战局急转直下，仅史语所和数学二所书籍、设备、仪器2000余箱及人员，随故宫文物同以军舰运往台湾，其余11个所的人员与财产均留在大陆，成为新中国科学事业发展的基础与重要力量。

国立中央研究院天文研究所是民国时期负有盛名的天文机构，于1928年成立，由中央研究院观象台筹备处天文组发展而来，主要任务包括观测天体方位，从事理论天文学之研究；观测天体形态、光度、光谱，从事天体物理学之研究，第一任所长高鲁就是当时著名的天文学家。

中央研究院地质矿产陈列所旧影

国立中央研究院天文研究所成立后，高鲁创建了鼓楼测候所，并积极筹建天文台，后几经研究，最终由第二任所长余青松选定于紫金山第三峰建设。紫金山天文台建于1931至1934年，占地面积47亩，由天

紫金山天文台旧影

文台本部、子午仪室、赤道仪室、变星仪室、职员宿舍、所长宿舍等组成。天文台的建筑基本上是防风、防火的坚固建筑，整个建筑群朴实厚重，与山石浑然一体。

民国时期是中国气象事业自主发展的关键时期，1929 年 1 月“国立中央研究院气象研究所”正式成立，由竺可桢担任首任所长，设立于南京鸡笼山之巅的北极阁。气象研究所是我国第一个国家级气象科学研究机构，也是未冠名的全国气象行政中心。在竺可桢所长的领导下，气象研究所对近代中国气象台站建设、气象观测、天气预报、气象科学研究，以及气象专业人才的培养，均做了大量工作，为我国现代气象科学的发展打下良好基础[①]。抗战期间，气象研究所迁至重庆，抗战胜利后迁回南京北极阁原址，1949 年 5 月该所拒绝逃台命令，全体人员投向人民政府，成为日后新中国中央气象局和中国科学院大气物理研究所组建的基础。中国气象事业的近现代化与气象观测和气象台建设密不可分，民

① 吴增祥：《1949 年以前我国气象台站创建历史概述》，《气象科技进展》2014 年第 6 期。

中央研究院气象研究所旧影

国时期的气象台建于北极阁上，“其地自元明以来，夙为观象台，今试重建气象台于此，于地理历史两相宜。”建于北极阁之上的气象台，是具有现代意义的我国第一座气象台，据张其昀《南京之地理环境》记载：“民国十七年，大学院以北极阁地址极适于气象测候之用，因于山上重建气象台，台之旁即为中央研究院气象研究所。气象台系六角形，用钢骨水泥建筑，工费约一万三千元。台凡三层，离山顶四十余尺，登高一望，首都形势，了如指掌。”

综上所述，国立中央研究院是我国近代史上创立的第一所国立研究院，体现了民国时期我国物理、天文、地质、气象、历史语言等多方面科研领域的顶级水平，并在物理、化学、地质、工程、天文、气象、历史语言、动植物研究等多方面与国际社会进行积极交流，奠定了民国时期我国的科技转型基础，开创了我国近代社会科技事业的发展新局面。

七、手工技艺

早在距今五六千年前的新石器时期，生活在鼓楼岗西北侧金川河畔北阴阳营的原始居民，就已使用石器、陶器及石纺轮、陶纺轮和骨锥、骨针等。史前至商代晚期，南京人民便已开始制造和使用铜器。春秋时代，吴王夫差在今朝天宫设立冶铁作坊，冶炼技术达到较高水平。三国时期，孙权定都建业（今南京），陶瓷、冶炼、造船、纺织等官办手工业已颇具规模。东晋南朝时期，随着北人南渡，带来了北方先进的手工业生产技术，也推动了南方经济的快速增长。隋唐宋元时期，南京地区手工业虽屡有起落，但仍有一定发展。特别是元代在南京设立的官营制造机构多达 5 处，连同军器局等，在册手工匠人达到 9000 户。至明初，随着南京都城地位的确立，南京集中了全国主要的官营手工业，机构庞大、门类齐全、盛况空前，南京地区手工业发展再次进入高峰。造船、印刷、丝织均达到极高的水平，特别是以郑和七下西洋活动为代表的造船及航海技术，在世界上首屈一指。永乐迁都后，南京虽降为陪都，官营手工业发展收缩，但民营手工业得到快速发展，并在明万历以后形成了商贸发展的高度繁荣。与此同时，明代手工业的发展还带来城市商品经济的空前繁华，如相传嘉靖时期画家仇英绘制的《南都繁会图》，就描绘了南京当时繁盛热闹的城市经济景象。

（一）丝锦织造

丝锦织造技术是我国古代先民重要的手工技艺发明之一，早在上古时期的传说中，就有黄帝的妻子嫘祖发明“养蚕取丝”的故事。南京丝织业在三国孙吴时期得到发展，东晋末年，刘裕攻破后秦首都长安，将北方官营手工业工人迁至建康（今南京），并在南郊斗场市一带设立了锦署，大大促进了建康地区丝织水平技术的提高，为日后金陵织锦业发展打下了良好基础。隋唐宋元时期，江南丝织技术得到进一步发展，南京地区丝织业水平有所提升。明代南京丝织业，无论官

织机图（清陈作霖《凤麓小志》）

营手工业织造的生产规模，还是民间丝织业的生产力，以及官、民丝织业的生产量、丝绸种类、质量、贸易规模和范围均获得不同程度发展。经过明清两代，南京也成为中国丝绸生产的重心之一，与苏州、杭州共同奠定了江南三大丝织业城市的坚实基础。

明代南京先为都城，后为留都，使得官营手工业得到更多发展。明代南京的中央织染机构，包括内织染局、供应机房和神帛堂，明代皇室所用的各类丝织品，以及赏赐臣下和向国外赠送的锦缎等，有很大一部分在南京织造。其中，内官监的内织染局和南京司礼监的神帛堂，专门为宫廷织造缎匹、神帛等，帝后使用的袍服，如皇帝的龙袍蟒服，由神帛堂直接负责生产。此外，民间丝织业在正德以后也得到了较快发展，丝织业者已能织造出结构复杂、色彩品种繁多的锦缎，并且这一时期已出现机户、经纪、揽户共同参与到丝织生产、销售，表明当时丝织业已有细密、复杂的分工，到明代后期南京个体机户的实力和生产规模都远超以前。

明代南京丝织业的发展还体现在丝绸品种的不断增多、工艺水平的不断提高上，其中，云锦是南京丝织品中的精品，被誉为我国三大名锦之一，因配色对比强烈，美如云霞，故有此名。南京云锦共分织锦、织金、妆花三大类，以妆花最具地方特色，代表了南京云锦，乃至中国织锦的最高艺术成就。妆花技术始于明代早期，特点是用色多，色彩变化丰富，配色多样，是云锦织造中工艺最复杂的一种，标志着明代南京丝织业发展到了新的水平。最初配色多运用于缎地提花织物，后逐渐发展到纱、罗、绸、绢、绒等不同织物上，达到无施不巧，无工不精的地步。比如，1958 年曾在明定陵遗址中出土的两件万历织金妆花纱龙袍料，精美绝伦，举世罕见。云锦及云锦妆花技术将我国织锦缎的配色技巧和制造技术发展推向了高峰，是南京对中国古代丝织技艺的重大创造与贡献，也是人类重要非物质文化遗产。2006 年，南京云锦妆花织造技术被列入中国《第一批国家级非物质文化遗产名录》，2009 年 9 月，“南京云锦技术”被联合国教科文组织列入《人类非物质文化遗产代表作名录》。

百子纹织金妆花缎云锦

清代纺织业也是南京的支柱产业之一，清政府设立江宁织造局进行专门管理，仅康雍乾嘉四代，南京民间丝织业就发展到拥有织机 3 万多台，依靠丝织为生的居民 20 万人，年产值白银 1200 万两以上[①]。前期花色品种以“云缎”“云锦”为主，质量高，产量大，在乾隆嘉庆年间，产值约 1200 万两以上。随着丝织业进一步发展，丝织业内部的分工已较细密，织机的部件也较复杂，如云锦业的机工中，已分为织工、染工、绘图工和挑花工等，辅助的工种还包括漂工、络工和牵经工等。云锦织造过程复杂，需经过选丝、染色、络经、牵经、上经、上花和织造共七

① 蒋赞初：《南京史话》，南京出版社 1995 年版，第 151 页。

道工序，每台花机都需两名机工，一人在上进行“提花”，一人在下用梭子进行纺织，配合操作。

（二）雕版印刷

雕版印刷术是我国古代四大发明之一，根据目前学者研究，其出现应不早于唐代开元年间。经五代、两宋发展，至宋代其技艺发展日臻完善，并传承于后世。明清以后的雕版印刷技艺发展达到了巅峰，对我国古代文化、思想、艺术发展起到重要影响。南京自明代以后，作为江南文人主要集中区域，又是江南考场，书籍出版得到快速发展，雕版印刷业发展兴盛。如南京国子监集中的宋元时期江南各地的木刻书版，曾经多次印刷出版，号称“南监本”，对当时的文化、教育产生了极大影响。

雕版印刷最初为单色雕版印刷，后经契丹等多民族共同发展，创造出雕版印绘技术。至元代又开创出分版多色套印技术，并在明代使用最为广泛。明代中期，南京地区已开始流行用红、黑两色套印书籍，并出现了多色套印的木刻版画，用这种套印法印刷，能够将画幅中花叶的颜色深浅和阴阳向背表现出来。到明代末期，南京地区的工匠们还在套色印刷的基础上，以书画复制为目的，以追求原作神韵为目标，创造出融绘画、雕刻、印刷为一体的传统印刷技艺——饾版和拱花印刷技艺，将彩色套印技术发展推到了新的高度。其中，饾版印刷就是按照彩色绘画原稿用色情况，将每一种颜色分别雕一块版，再依次印刷；“拱花”是将原稿中的图案雕版在木版上，通过研印，使画面出现微凸的线条或花纹，增强纸面立体感，

《十竹斋书画谱》书影

让画面更具有表现力。明崇祯年间胡正言刊刻的《十竹斋笺谱》《十竹斋书画谱》是饾版印刷和拱花技艺完美结合的典范，也是明末雕版印刷最具代表和影响力的作品。二谱图刻印染精巧，色彩斑斓，幅幅乱真。并在出版不久后，传入日本，对日本版画、绘画产生了重大影响，直接影响了日本多次印刷着色版画——“锦绘”的诞生[①]。并且，饾版和拱花印刷技术方法还直接影响了日本印刷技艺，对日本整个印刷文化业产生的影响巨大。

清末民初，基于南京地区雕版印刷技术的发展，杨仁山居士于1866年在南京创立金陵刻经处。自其建立以来，一直致力于佛教典籍的搜寻与保护，并勘校注疏，融佛教典籍刻印、流通、收藏和研究于一体，完整保存了整套的中国传统雕版印刷技艺，是全世界最大汉文木刻佛经版收藏中心、出版中心。其刊印的佛经“金陵本”，完美地将中国传统雕版印刷技艺同佛教文化与佛教艺术相互结合，形成独树一帜的刻

金陵刻经处

①门樱子：《巅峰时期的雕版套色印刷——兼论〈萝轩变古笺谱〉和〈十竹斋笺谱〉的刻印》，《中国出版史研究》2016年第1期。

印风格。作为人类重要的非物质文化遗产，2009 年 9 月，“中国雕版印刷技术（金陵刻经印刷技艺）”被列入联合文教科文组织《人类非物质文化遗产代表作名录》。

（三）船舶制造

我国是造船与航海技术起步较早的国家，早在孙吴时期，以南京为主的造船业就已十分先进，所造船只体量大、数量多、装备优良。据史料记载，吴国的船队北航辽东、东赴日本、南达东南亚，并且曾航行到达台湾，建立了大陆与台湾之间的最早交往。明代以后，随着整个社会科技水平的较大提升，我国古代造船技术也步入了鼎盛时期，特别是自永乐三年（1405）至宣德八年（1433），中国历史上最杰出的航海家郑和先后统帅百余艘远洋帆船七下西洋，足迹遍布亚非三十余国，不仅体现我国领先世界的船舶制造与航海技术，同时也将人类的航海事业推向新的高峰。正如李约瑟在《中国的科学与文明》中所述：“当世界变革的序幕尚未揭开之前，即 15 世纪上半叶，在地球的东方，在波澜万顷的中国海面直到非洲东岸的辽阔海域呈现出一副中国人在海上称雄的图景，这一光辉灿烂的景象就是郑和下西洋。”

郑和七下西洋的活动离不开明初先进的造船技术，宝船厂作为建造郑和宝船的主要船厂，集中了当时全国各地技术精湛的造船匠师，由原龙江船厂厂址向南扩建而成。据《龙江船厂志》载：“洪武、永乐时，

郑和宝船复原图

龙江宝船厂作塘遗址

起取浙江、江西、湖广、福建、南直隶滨江府县居民四百余户，来京造船，隶籍提举司，编为四厢。”造船匠师分工细密，所建宝船规模宏大。据《明史》等史料记载，郑和下西洋所乘宝船，“大船长四十四丈，阔一十八丈”，推测当时郑和所乘宝船长 138 米、宽 56 米，是当时世界上首屈一指的大船。又据南京静海寺残碑所载，当时郑和下西洋的海船类型有两千料海船和一千五百料海船并八橹船，其中两千料海船已属于千吨级海船。1957 年，在南京下关中保村明代宝船厂六作塘遗址，经考古发掘，出土了一根 11 米长的舵杆，从其上端舵柄方孔推测，只有建造千吨级的大型海船，才需要装上这种大型舵杆。1965 年又在四作塘遗址发现一段长 2.22 米的绞关木，2003—2004 年在宝船厂六作塘遗址发现带有部分舵翼的 10.06 米舵杆，如此规模宏大的舵杆和绞关木等，均为建造“巨无与匹”的宝船所用。

此外，郑和船队的航海家根据航海经验，于 1425 年编成的《郑和航海图》是中国地图学史上最早的地图，也是 15 世纪前留下的唯一一

《郑和航海图》局部（宝船厂至龙潭，《武备志》）

部包括亚、非两大洲在内的航海图，反映了15世纪前中国人科学航海的长期经验积累和航海技术成果[①]。《郑和航海图》全图长约5.6米，宽0.203米，起自南京宝船厂，止于东非麻林地，几乎包括了郑和下西洋出访过的所有地区和国家，涉及海区辽阔，共记载地名539个，其中外域地名300个，东非海岸地名16个，谱写了世界地图发展史的新篇章。特别值得一提的是，《郑和航海图》将船舶航行的天体定位与定向、罗盘指向与针路、路标识别导航、航路指南与推算等航海技术包容一图，是明初以前中国航海技术的百科全书，李约瑟评价其为“一副真正的航海图”。

八、工业遗产

1840年鸦片战争爆发，中国近代史拉开了帷幕。作为清政府自救行动中的主要实践者，以“师夷之长技以制夷”为理念的洋务派，在全国范围内拉开了引进西方先进科技来对中国进行改革的洋务运动，以自强、求富为旗号，创办了中国的第一批工业。南京作为六朝古都，在近代军事背景下凸显的防御地位得到迅速提升，成为中国近代军事工业最早发祥的城市之一。在中国近150年的工业现代化进程中，南京留下了许多珍贵的工业遗产，如创办于清同治四年（1865）的金陵机器制造局、中国首家官办发电厂——下关电厂（又称首都电厂）、中国早期民族工业的典型代表——中国水泥厂、和记洋行等，在中国近代工业史上留下了浓墨重彩的一笔，是影响中国近代工业转型、促进国家工业发展的重要内容。

（一）金陵机器制造局

金陵机器制造局成立于清同治四年（1865），前身为原苏州洋炮局，

① 辛元鸥：《郑和下西洋时期的航海与造船》，《科学》2005年第4期。

在两江总督李鸿章主持下，连同机器设备、生产材料、所有生产管理人员等自苏州迁至南京，在聚宝门（今中华门）外扫帚巷东首西天寺的废墟上重建厂房，办起了金陵机器局。后因不断扩充，渐渐扩占了临近西天寺的报恩寺。

金陵机器制造局及兵工厂基址，作为中国大机器工业的发源地，被誉为“中国民族军事工业的摇篮”，承载着跨越三个世纪的军事强国梦想，是中国近代工业的源头之一。为提高军火生产能力，提供更多的新式武器，清政府曾多次扩充机器设备。1870年建立火箭分局，1872年建立试造火药局，同年提出包括增制火箭与水雷的增加各种设备和扩充制造的计划。1874年，机器制造局制造出三尺喷箭，用火药发射的火箭1000支，1877年，增设水雷局。由此，机器局的规模包括机器厂三家，以及翻砂、熟铁、木作各工厂，及火箭局、火箭分局、洋药局、水雷局等，成为当时重要的武器工业生产基地。此外，徐建寅对金陵机器局在军事技术上的改革做出了巨大贡献，他怀着一颗强国之心，先后在制造局成功开创了炼钢、铸钢等多项“中国第一”，并成功研制新式后膛抬枪[①]。中法战争后，清政府整饬制造局并对其进行扩充，金陵机器局成为一个拥有工人近千人的大型军工企业。

金陵机器制造局生产车间旧影

金陵制造局及金陵兵工厂等遗址，目前拥有9栋清代建筑、24栋民国建筑，其中，机器正厂、机器右厂、机器左厂、炎铜厂、卷铜厂、

① 王伟、梅正亮：《跨越三个世纪的强国梦——档案史料中的金陵制造局》，《中国档案》2011年第11期。

机器正厂（同治五年，1866 年）

机器左厂（光绪四年，1878 年）

熔铜厂、机器大厂、木厂大厂等被列为江苏省文保单位。2013 年，金陵机器制造局及金陵兵工厂遗址作为中国近现代重要史迹及代表性建筑，被列入第七批全国重点文物保护单位。

（二）首都电厂

首都电厂是中国第一家官办发电厂，也是南京地区最具代表性与突出价值的工业遗产。首都电厂前身是江苏省立南京电灯厂下关发电所，创立于 20 世纪初南京西华门外，原为金陵电灯官厂，1912 年更名为江苏省立南京电灯厂。1928 年南京电灯厂划归国民政府建设委员会管理经营，并更名为建设委员会首都电厂，供电范围覆盖都城内外及下关商埠。由于电力不敷使用，1929 至 1930 年下关发电所先后安装了一台 750 千瓦和一台 1600 千瓦的汽轮发电机组，同时首都建设委员会在下关发电所东侧购置 50 亩土地，分两期进行扩建，确保了首都的供电工作。首都电厂是民国时期的“全国模范电厂”，与杭州闸口电厂、上海杨树浦电厂共称为江南三大发电厂。

首都电厂在南京人民革命史上也留下了光辉的一页。1937 年 9 月 25 日日军空袭南京，下关发电所成为空袭目标之一，遭到日军轰炸，主厂房多处中弹。1937 年 12 月，日军攻占南京前夕，下关发电所工人坚守岗位，为首都送电。日军攻陷南京后，下关发电所 45 名工人惨遭

首都电厂旧影

日军集体屠杀。为纪念死难工人，1951 年 10 月 1 日下关发电厂建成了“死难工人纪念碑”，这也是南京第一座纪念侵华日军南京大屠杀遇难同胞纪念碑。此外，1949 年 4 月南京解放前夕，首都电厂工人驾驶着“京电”号轮船从浦口码头满载着第一批中国人民解放军（35 军先遣部队）渡过长江，4 月 25 日又从浦口迎接邓小平、陈毅过江到达中山码头，进入南京，“京电”号小火轮由此被誉为解放南京时的“渡江第一船”。

新中国成立后，下关电厂发展迅速，当时该厂总装机容量为 3 万千瓦。20 世纪中叶，下关发电厂老厂分三期扩建，装机容量达到 11.5 万千瓦，成为当时江苏省装机容量最大的火力发电厂和华东电网骨力发电厂，承担了江苏省三分之一的发电任务，有力地支持了江苏及南京地区地方经济建设。1997 年，电厂引进了

“京电”号小火轮（1949 年）

国内第一套炉内喷钙炉后加湿活化脱硫工艺，成为我国当时容量最大、投产最早、运行最稳定的干法脱硫城市环保示范电厂。2003 年，电力系统改革，下关电厂划归全国五大发电集团之一的大唐集团，从而焕发出了新的活力与生机。

（三）首都水厂

首都水厂，又叫首都自来水厂、北河口水厂，位于南京市鼓楼区江东街道清河社区水厂街 7 号。

1927 年 4 月南京国民政府成立后，南京成为“首善之区”，人口不断增加，当时南京市民饮水大多取自外秦淮河或城内井水，既不卫生，又不方便。为了解决城市居民饮水及消防用水问题，南京市政当局于 1929 年春着手筹划自来水供水，旋于 1929 年 6 月奉国府令核准发行特种建设公债 300 万元，暂以 200 万元作为建设首都自来水厂之用。1929 年 8 月，南京市长刘纪文督促南京市工务局成立南京市自来水工程筹备处，负责筹备自来水建设工程事宜，包括水源的选择、水厂地点的确定、水质的化验、蓄水池地点的选定、设备的选购以及相关工程建筑的实施与监督等。

1930 年南京自来水工程处收购了蒲包洲 100 亩土地作为第一期水厂的厂址范围。在水厂的布局与设置方面，工程处将收购的 100 亩土地划出 60 亩建造第一期自来水建设工程，包括进水间、进水井、码头、驳岸、 动力室、混水机室等厂内建筑设施；在清凉山顶建蓄水池 、看守室 、开关室，河道处设置高架管桥。在水厂中专设快滤池、清水池等自来水炼制设备等，确保清洁的自来水最后通过高压输送到清凉山山顶蓄水池和南京城内居民住户中。

1932 年 4 月，石瑛继任市长后，鉴于市内人口日增，自来水供应刻不容缓，于是决定实施局部供水计划，以应急需。经过一年的建设工作，1933 年 4 月，南京第一座水厂北河口水厂初步建成，快滤池正式向南京城内局部供应沉淀消毒一次净化的自来水，由此开启了南京居民

快滤池竣工外景

饮用自来水的历史。

自来水厂投产后定名为自来水管理处供水课，对外称首都水厂。随着南京城市发展，南京人口数量逐渐增加，自来水用户也不断增加，原有的自来水建设工程设备无法满足日益增长的用水需求。为了适应南京人民生活以及工业生产发展用水的需要，南京市工务局对自来水厂又进行了扩建。

首都水厂自筹备建设至正式局部供水，前后历时三年零八个月，结束了南京市无自来水的历史。它是国内第一座完全由中国人自己设计建造的自来水厂，开启了我国独立自主建设现代水厂的先河。除主要机器设备、管材水表由工程师沈宜甲购自国外，水厂及其供水系统均由中国人借鉴当时欧美各国先进的给水技术和管理方法，自行设计，自行施工，不但出厂水质良好，而且制水工艺堪与当时国外水平旗鼓相当。

首都水厂原设计制水能力为 4 万吨 / 日，抗战胜利后，经 1947 年至 1948 年扩充，制水能力达到 6.7 万吨 / 日。解放后，经过 1987 年至

1931 年 8 月工程师沈宜甲在法国监试购买的自来水管

2006 年的 6 次挖潜改造，制水能力从 30 万吨 / 日发展到总规模 120 万吨 / 日，使其进入大型水厂的行列，担负着南京市区一半以上（55%）的供水，其出厂水质高于国家饮用水标准。

新中国成立后，“首都水厂”改名为了“北河口水厂”，经过多次大规模改造，生产工艺和技术不断提升。如今，北河口水厂是南京市最大的自来水厂，也是国内规模最大的自来水厂之一，承担了全市一半以上的供水任务。现隶属于南京城建控股集团自来水公司管辖。

2018 年，“国民政府首都水厂”入选第一批 20 世纪《中国工业遗产保护名录》。

（四）中国水泥厂

中国水泥厂是中国早期民族工业的典型代表，位于南京栖霞区龙潭镇水泥厂路 185 号，是南京有名的“老字号”企业。长期以来，中国建筑多使用传统灰浆黏合剂作为建筑所用黏合材料，19 世纪末 20 世纪初才开始生产现代水泥。上海姚新记营造厂创办人姚锡舟回顾自身的建筑生涯，深知水泥为近代建筑工程所必需的材料，而当时中国水泥生产只有天津唐山启新、湖北华记等少数厂家，远远不能满足国内建设事业发展的需要，大多数水泥仰仗国外进口，造成大量的白银外流。因此，1921 年他联合上海金融界、实业界人士 28 人，筹集白银 50 万两，选择江苏省句容县龙潭镇（1953 年划归南京）作为厂址，建设“中国水泥股份有限公司龙潭工厂”。

工厂于 1921 年 9 月 3 日破土动工，总投资白银 113.74 万两，1923 年 4 月正式投入生产。1924 年 7 月，开始使用“泰山牌”注册商标。1925 年，姚锡舟投标承建中山陵一期工程（主要包括坟墓、祭堂等），以造价 44300 两中标，在第一期工程中，仅“泰山牌”水泥就需要用 150 吨。1924 年至 1925 年，江浙军阀齐燮元、卢永祥混战，工厂产销停顿，中山陵建筑工程进度也受到极大影响。1927 年春重新扩建厂房，并安装两台旋窑以及附属设备，日产水泥达 2500 桶。1937 年 11 月底，日军侵占中国水泥厂。次年 7 月，日商三菱洋行强行租赁，更名为“磐城水泥株式会社南京工场”进行生产和经营。直至 1945 年 10 月，日商才归还工厂，但机器、厂房损坏严重，经过修理，工厂逐步恢复生产。

新中国成立后，中国水泥厂占地面积 317. 2 万平方米，生产的“石城牌”水泥和“五羊牌”水泥曾经一度运销海内外。1947 年中国水泥厂的产量创建立以来最高纪录，生产水泥 98584 吨，全年盈利 121 万余

中国水泥厂大门及生产车间旧影

元。1951年随着国家经济的发展，水泥需要量增加，1951年9月转入双窑生产。投产之初，为我国成功研制了第一批油井水泥，对当时抗美援朝、粉碎经济封锁具有重要意义。中国水泥厂是我国近代历史中重要的工业遗产，不仅带动南京城市建筑的发展，为我国近代工业建筑建设提供重要的材料保障，还见证了南京及中国近代工业文明的发展过程，其发展历史就是一部中国近现代工业发展史。

（五）和记洋行

和记洋行，即江苏国际出口有限公司，俗称“英商南京和记洋行”，由英国伦敦“合众冷藏有限公司”（又名“万国进出口公司”）的老板韦斯特兄弟设立，旧址位于下关区宝塔桥西街168号，1913年正式开业。主要经营冰蛋、冻肉、家禽及野味出口业务，下设制蛋厂、杀猪厂、宰牛厂、鸡鸭加工厂、制罐厂、火腿厂、熬油厂、猪鬃厂、制革厂、羽毛厂、饲养厂等，还自备水厂、发电间、栈桥、趸船码头和小火轮，拥有300多个“外庄”（即收购站），形成以南京为中心，辐射到整个长江三角洲乃至中原地区的收购网，也是韦斯特兄弟在中国创立的规模最大的和记洋行。据20世纪30年代出版的《中国实业志》记载，南京和记洋行“每日屠宰生猪三千头左右，加工鸡鸭两万只左右，蛋制品每天产量160吨，最高达300吨，年产量5万吨，超过上海怡和、茂昌、班达

和记洋行旧影

和记洋行总监办公楼

等六家大蛋厂的总和”。它是当时南京最大、最现代化的食品加工厂，生产的鸡蛋、蛋品、冻家禽与野味等也是南京重要的出口货物。南京沦陷期间和记洋行被迫停产，机器设备被日军搬走或毁坏，厂房被改作日军仓库，直到1947年才恢复生产。

南京和记洋行既是英国资本家利用中国廉价原料和劳动力进行大规模剥削和掠夺的重要场所,同时又是南京人民反帝反封建的前哨阵地。1925年5月30日，英、日帝国主义国家在上海制造了震惊中外的“五卅”惨案。消息传到南京，南京人民群情激愤，抵制英国风潮勃发。在中共南京党、团组织的发动下，6月5日，和记洋行工人宣布：“自今日起，全体罢工，为被害同胞后援。”一场声势浩大的罢工斗争就此拉开序幕。中国共产党著名工人运动领袖邓中夏高度赞扬和记洋行工人的斗争是“南京反对帝国主义运动最壮烈的一举，给予各地影响不小”，时任江苏省水陆警备总司令冷遹也盛赞和记洋行工人的罢工斗争“亦可说中国劳工史上已辟一新纪元”。当代著名文学家巴金当年亲自参加了对和记洋行工人的发动和募捐活动，1927年他以和记洋行工人的罢工斗争为主题，撰写了《死去的太阳》一书，再现了那场波澜壮阔的罢工运动[①]。和记洋行工人的罢工斗争活动，成为南京人民革命史上的重要内容。

九、民俗文化

民俗文化是一个民族或一个地区的文化创造和乡土记忆，是集体智慧的结晶，也是弥足珍贵的精神财富和地方特色文化资源。南京拥有深厚的历史文化积淀，五方杂处的人口迁徙融合，形成了包括岁时民俗、游乐民俗、民俗艺术、饮食民俗等多方面民俗文化，展现出南京独具特色的地方魅力与历史传承，也是新时期城市文化发展的资源与动力。其

① 殷乐鸣：《巴金与和记洋行》，《档案春秋》2015年第2期。

中，以正月十六爬城头、秦淮灯会、古傩遗存“跳五猖”等民俗活动最具代表，蕴含着厚重的城市记忆、悠久的历史传承，凸显出地域文化特色，是集中展现南京地区优秀传统文化的重要窗口，并依然对今天南京的城市生活与文化面貌有所影响。

（一）正月十六爬城头

南京人正月十六爬城头习俗由来已久，约形成于明代，在明清时期的典籍中多有记录。如清人甘熙在《白下琐言》中记载：“正月十六登城，谓之踏太平，亦云走百病。石城、三山、聚宝、通济四门之上，锣鼓爆竹之声相续。道旁有煮豆作红色，焙蜀黍成花，缀棘刺上以肖梅枝，或吹饴作榴实、柿子缀之，游人必售一枝而归。”由此可见，当时南京正月十六爬城头习俗已非常兴盛，并以聚宝、三山、通济、石城等处城门的百姓登城头景象尤为热闹。

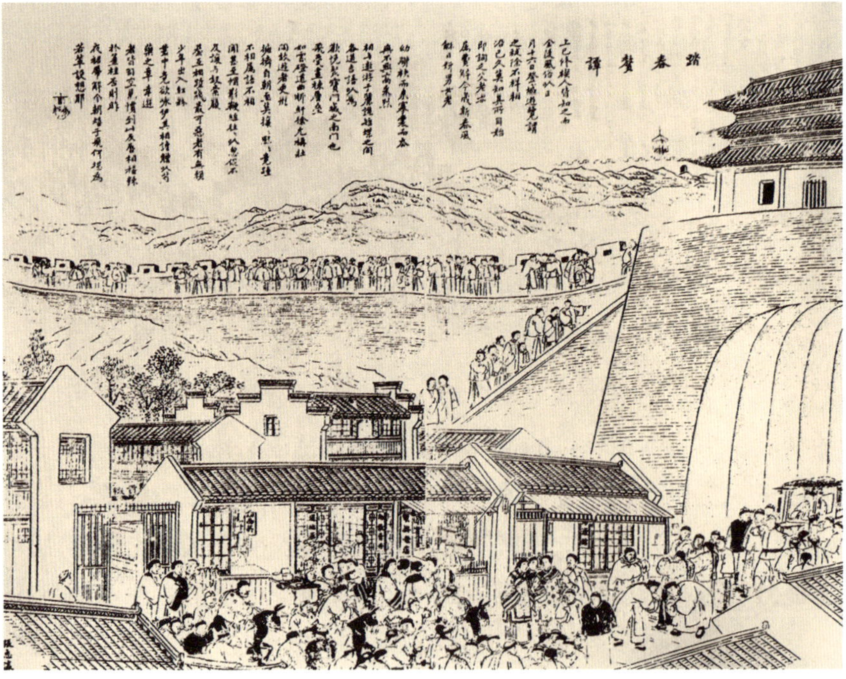

在聚宝门登城头（《点石斋画报》）

根据学者研究，正月十六爬城头的南京民俗，可能由乡村妇女元夕“走三桥”习俗演变而来，是农村习俗都市化的产物，伴随着明洪武年间移民政策的实行而逐步形成[①]。明太祖朱元璋定鼎金陵后，为巩固首都的稳定，将以前元朝集庆（今江苏南京）的原住民迁入云南等西南地区屯守。同时，为充实京师，从安徽、浙江、江西等地调入大量人口。随着安徽、浙江等地村民迁入南京，便带来了部分农村习俗，走三桥就是其中之一。走三桥，又称“走百病”“度百厄”“走桥”等，是农村妇女们在元夕夜开展的游乐活动，通过跨三桥或更多桥梁的形式，来祈求去病、度厄、乞子等。如明代沈榜《宛署杂记》中记载，“正月十六夜，妇女群游，祈免灾咎，前令人持一香辟人，名曰走百病。凡有桥之所，三五相率一过，取度厄之意。”这些民俗活动随着移民迁入一并传入南京，并在进入南京这样的都城后发生了形态与功能上的变化。因市内走桥不便，便改为登上城头走一走，并将带有多重瓮城的城门口看成三桥的替代品，使得聚宝、三山、通济门等带有多重瓮城的城门成了登高踏游的好去处。

正月十六爬城头是南京本地比较独特的民俗文化，并且还曾影响到河北等地区，如河北沧州的《吴桥县志》就有相关习俗记载。不过，目前就全国范围来讲，这一习俗仅在南京一地保留，延续至今，南京市民在正月十六依然有到聚宝门（即今天的中华门）、台城登高望远的习俗，是南京独具特色的民俗文化资源。

（二）秦淮灯彩甲天下

南京秦淮灯会，又称“金陵灯会”“南京灯会”，是中国传统节日春节至元宵节期间，盛行南京夫子庙地区的大型民俗文化活动。该活动以彩灯表演、歌舞狂欢等为表现形式，是南京地区长久以来形成的独特民俗文化现象。相传明代吴门画家仇英所绘《南都繁会图》中，就形象

① 陶思炎：《南京民俗》，南京出版社 2016 年版。

仇英《南都繁会图》（中国国家博物馆藏）

地描绘了秦淮灯会热闹非凡的场景。这一节日习俗也引得历代文人骚客吟咏不绝，至今留下了“百花疑吐夜，四照似含春”“一园灯火从天降，万片珊瑚驾海来”等许多脍炙人口的诗句。

南京地区元夕观灯习俗源远流长，据研究，早在六朝时期，都城南京便已开始举办传统元宵灯会。不过，这时新年灯彩仅限于在宫廷内苑使用，如东晋习凿齿《咏灯笼》中所记：“煌煌闲夜灯，修修树间亮。灯随风炜烨，风与灯升降。”至唐代，元夕期间观灯活动走出宫廷，陈列于街市，并逐渐形成传统，成为万民同乐的符号。明朝洪武五年，太祖朱元璋下令正月十五元宵节期间在秦淮河燃放万盏水灯，推动了南京元宵节灯会习俗的兴盛，自此秦淮灯彩享有甲天下的美誉。永乐年间，

夫子庙大成门灯会夜景

明成祖朱棣“赐百官上元节假十日”，并要求家家户户张灯结彩。永乐十年，又下令在午门外扎鳌山灯，连续三年供全城居民观览。到明代后期《正德江宁县志》中描绘的秦淮灯节，更是繁华夺目，目不暇接，发展到了顶峰。此外，秦淮灯会的流行也使得南京地区形成了专门的扎灯技艺，据不完全统计，1949 年新中国成立之初，为秦淮灯会扎灯的民间从业者已经发展到百户以上①。并且秦淮灯会还影响着周围如句容、镇江等地，如镇江句容的陈氏秦淮彩灯目前也发展成为国家级非物质文

夫子庙前秦淮河灯会夜景

① 陶思炎：《南京民俗》，南京出版社 2016 年版。

化遗产项目。

总体看来，秦淮灯会作为一种重要的民间文化和民俗活动，已有七百余年历史，正如南京俗语所说："过年不到夫子庙观灯，等于没有过年；到夫子庙不张灯，等于没过好年。"秦淮灯会已成为南京地区春节至元宵节期间必不可少的民俗活动，为延续这一传统，自 1985 年起在夫子庙地区恢复了每年举办的"金陵灯会"活动，每逢元宵佳节观灯游客如云，盛况空前，享誉国际。2005 年，以"历史文化空间环境"类别申报的南京秦淮灯会,已正式入选首批《国家非物质文化遗产名录》,是我国非物质文化遗产重要的组成部分。

（三）古傩舞遗存"跳五猖"

傩文化是孕育于我国远古时期的鬼神崇拜，是一种迎神驱鬼、祈求丰收的民间信仰，也是中国本土宗教的源头。傩舞是傩文化中重要的组成部分，以祭祀鬼神为核心，通过演出者佩戴面具，表演祭祀舞蹈，起到沟通人与神、驱鬼逐疫、祈福禳灾的目的。据研究，傩舞滥觞于商周时期，如《周礼·方相氏》中就曾记载："方相氏掌蒙熊皮，黄金四目，玄衣朱裳，执戈扬盾，帅百隶而时傩，以索室驱疫。"秦汉以后，各地因循古礼，傩舞得到不断发展，至今在江苏、安徽、江西、四川、贵州、云南多地依然活跃，是中国民俗文化的重要组成。其中，"跳五猖"是现存傩舞中最具代表性的作品，从明代开始，就以南京高淳地区为核心，并传播、影响至周边的溧阳及安徽郎溪定埠镇等地，是中国古傩舞遗存的重要代表。

高淳"跳五猖"

南京高淳地区

流行的“跳五猖”起源于西周时期，原为宫廷表演的傩舞，后流入民间演化成民间祭祀傩舞，在现今汉族民间傩文化中已十分罕见，被誉为原生态傩文化的活化石。“跳五猖”的主要傩神是五猖神，他们是明场中的中心角色。五猖神又被称作五通神、五郎神，是古代邪神之一，民间以五猖神的凶恶来抵御生活中的不祥因素，达到以毒攻毒的目的[①]。暗场中的神明是祠山大神，因此傩舞表演又往往与祭祀祠山大神的庙会活动联系在一起，构成当地“出菩萨”庙会活动的重要内容。如高淳桠溪镇定埠一带，每逢祠山庙会就要进行“跳五猖”表演，傩舞也成为庙会的主题活动，将人们对美好生活的追求、对虚妄神灵的信仰、对舞蹈艺术的表现糅合在一起，通过舞蹈祭祀的形式，使得地方宗教、民俗、艺术及民间生活紧密融合并得以集中展现。

在类型上，“跳五猖”还可以分为“文五猖”“武五猖”“超五猖”“马上五猖”数种，风格各异，但均以木面具为主要道具，以夸张的动作为舞步，展现人神分离与交融。其中，高淳桠溪韩桥村的“文五猖”传承状态最好，已被列为省级非物质文化遗产保护项目。韩桥村至今还保存有一幅乾隆年间的“五猖行当图”，展现出当时“跳五猖”活动的兴盛。当地跳五猖的表演也均以此图为准，通过祖传师授的形式传承下来，保存了清代以来傩舞表演的精髓，成为南京地区珍贵的非物质文化遗存。

十、红色文化

红色文化是指中国共产党领导中国人民在革命、建设、改革时期和中国特色社会主义新时代伟大实践中，将马克思主义基本原理和中国具体实际相结合形成的物质形态和非物质形态的先进文化。它是对五千年的中华优秀传统文化的传承与弘扬，是爱国主义精神的集中体现，是中国共产党人的根本底色。内涵上，红色文化与革命文化相同；外延上，

① 陶思炎：《南京高淳的“跳五猖”与“大王会”》，《文化月刊》2009 年第 2 期。

红色文化比革命文化更广。[①]2014 年 12 月，习近平总书记在江苏调研时指出，在雨花台留下姓名的烈士就有 1519 名，他们的事迹展示了共产党人的崇高理想信念、高尚道德情操、为民牺牲的大无畏精神。他殷切希望江苏“要注意用好用活丰富的党史资源，使之成为激励人民不断开拓前进的强大精神力量”。

红色文化作为一种重要资源，包括物质和非物质两种形态。物质形态包括硬件和软件两个方面，硬件方面指遗物、遗址、遗迹等历史遗存以及后来修建的纪念场所，软件方面指文献档案；非物质形态表现为各种革命精神。红色文化资源是我们党的宝贵精神财富，承载着党的光荣传统和精神血脉。习近平总书记高度重视红色资源的保护利用，他到革命老区、红色场馆调研考察时，强调要用好红色资源、传承红色基因。

南京在中国近代史上占有极其独特的地位。从 1921 年中国共产党成立到 1949 年 4 月 23 日中国人民解放军占领南京，南京这座城市留下了诸多共产党人和仁人志士的红色印记、红色精神和红色文献档案，它们作为南京宝贵的红色文化资源至今仍熠熠生辉，散发着无穷的生机和活力。

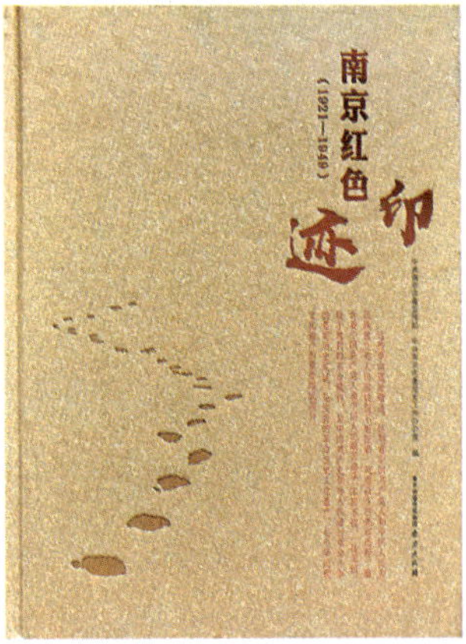

《南京红色印迹》书影

（一）红色印记

从物质文化层面来讲，南京红色文化资源包括国立中央大学旧址、南京工运纪念馆、九龙桥、江南贡院明远楼——南京第一个总工会成立地、王荷波纪念馆、中共南京市第一次代表大会遗址、中央军人监狱——恽代英烈士殉难处、八路军驻京办事处纪念馆、竹镇市抗日民主政府旧址、红色李巷、高淳西舍、桂子山烈士陵园、皖南事变三烈士墓、

① 魏本权：《从革命文化到红色文化：一项概念史的研究与分析》，《井冈山大学学报》（社会科学版）2012 年第 1 期。

雨花台烈士陵园、中共代表团梅园新村纪念馆——中共代表团办事处旧址、总统府——人民解放军占领南京标志地、渡江胜利纪念碑、渡江胜利纪念馆等165处经党史部门认定的红色文化资源点[①]，以及烈士遗留下来的遗物，包括衣物、钢笔、日记、家书、绝笔信等。这些红色资源点和遗物，承载着革命先辈英勇奋斗、百折不挠的革命精神，见证了中国共产党人领导中国人民实现中华民族伟大复兴波澜壮阔的历程，镌刻着中国共产党人的初心和使命，以及艰苦奋斗、不屈不挠、勇往直前的革命精神。它们是我们党、国家和人民的宝贵精神财富，是进行爱国主义和革命传统教育、传承红色基因的生动教材，也是激发爱国热情、振奋民族精神的深厚沃土。

竹镇市抗日民主政府旧址

八路军驻京办事处纪念馆

皖南事变三烈士墓

① 中共南京市委宣传部、中共南京市委党史工作办公室编:《南京红色印记(1921—1949)》，南京出版社2018年版。

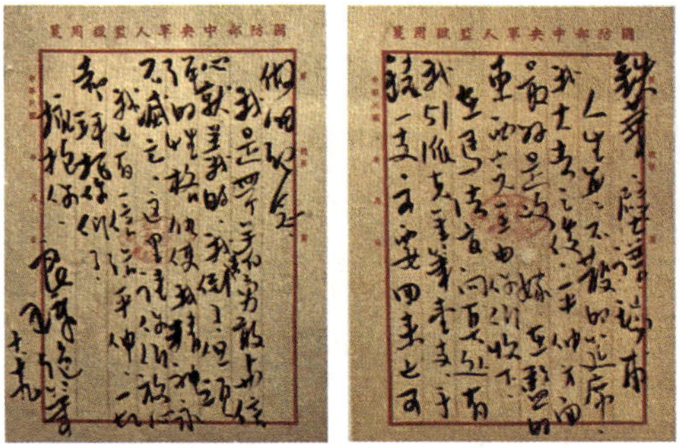

赵良璋临刑前给难友的绝笔信

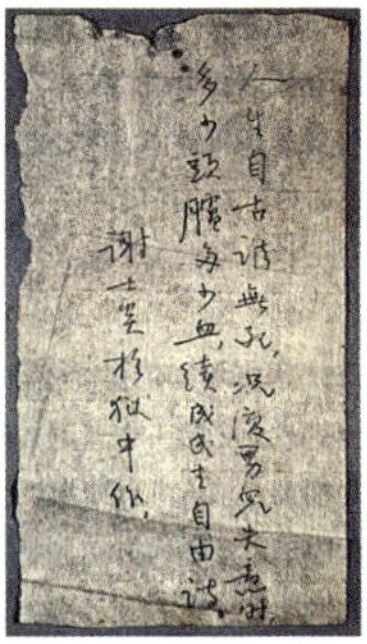

谢士炎的狱中诗

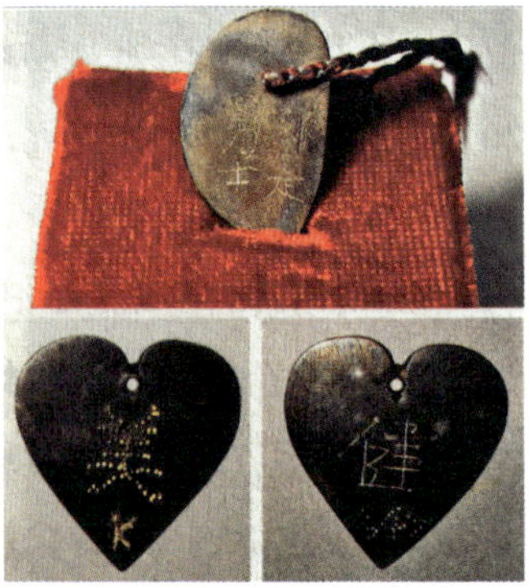

郭纲琳磨制的铜心、铜鸡心

卢志英被捕时被敌人撕坏的上衣

（二）红色精神

红色精神，或称红色革命精神，是我们党用百年的奋斗实践铸就而成，是一个绵延厚重、内涵丰富的精神谱系，是一代又一代共产党人不懈奋斗的精神动力和力量源泉。新民主主义革命时期，红色精神有五四精神、“红船精神”、井冈山精神、苏区精神、长征精神、延安精神、雨花英烈精神、新四军铁军精神等20余种；社会主义革命及建设、改革时期，有南京长江大桥精神等。就南京而言，最具代表性的红色精神是雨花英烈精神、新四军铁军精神、周恩来精神、渡江精神、大桥精神等。

2014年12月，习近平总书记在视察江苏时指出，雨花台烈士的事迹，“展示了共产党人的崇高理想信念、高尚道德情操、为民牺牲的大无畏精神”，这“两高一大”的精辟概括，既是雨花英烈英勇事迹的集中体现，又是“雨花英烈精神”的主要内涵。

新四军铁军精神，集中体现在听党指挥，对党忠诚；理想信念坚定，忠贞不渝；意志作风顽强，百折不挠；艰苦朴素，同甘共苦；组织纪律严明、秋毫无犯等。

周恩来精神，又称梅园精神或称“梅园风范”，是以周恩来同志为代表的老一辈无产阶级革命家经过长期革命实践和思想升华，在“没有硝烟的战争”中展现出来的追求民族复兴的革命精神和胆略智慧。

渡江精神或称渡江胜利精神。渡江战役是“靠老百姓用小船划出来的胜利”，体现了人民群众的磅礴力量。渡江精神是万众一心，“打过长江去，解放全中国”的团结精神；是中国人民解放军百万雄师发扬“宜将剩勇追穷寇，不可沽名学霸王”的英雄气概，将革命进行到底的革命英雄主义精神；是坚定信念，不畏艰险，横渡长江，推翻蒋家王朝，敢教日月换新天的担当精神。

大桥精神，或称南京长江大桥精神。南京长江大桥是我国自行设计、自行施工和采用国产材料建造的第一座特大型铁路、公路双层两用桥梁。建成于 1968 年。在建设过程中，中国工人阶级在中国共产党领导下，克服种种困难，顺利地完成了施工任务。南京长江大桥作为中国人的“争气桥”，体现了独立自主、自力更生的奋斗精神，敢想敢干、开拓进取的创新精神，不怕牺牲、大公无私的奉献精神，精益求精、追求卓越的工匠精神和万众一心、同舟共济的团结精神①。这些红色精神是我们党宝贵的精神遗产，深深地根植于南京人民乃至全国人民的心中，成为人们不懈奋斗的强大思想支柱和精神动力。

（三）红色文献档案

南京的红色文化资源除红色印记和红色精神外，还包括卷帙浩繁的

① 王广禄、严常坤：《凝练传承南京长江大桥精神——南信大举行“学党史·跟党走”主题报告会》，中国社会科学网 2021 年 4 月 2 日。

《人民必胜——渡江战役支前档案选编》书影

《南京长江大桥档案》书影

红色文献档案。南京拥有中国第二历史档案馆、江苏省档案馆、南京市档案馆、南京城建档案馆，以及鼓楼、玄武、秦淮、浦口等 11 区档案馆馆藏机构，珍藏有中共党史、南京地方党史、中国共产党领导的各类战役、战斗资料等大量丰富珍贵的红色文献档案资源。这些红色文献档案记载着中国共产党艰苦奋斗的光辉历程，具有很高的研究价值和教育意义。同时，南京还居住着一批历经革命征程的亲历者，他们对革命人物、历史和事件的记忆和追述都是弥足珍贵的红色口述史资源。

南京的红色印记、红色精神和红色文献档案，三者交相辉映，形成一个有机的红色文化资源统一体。南京始终牢记习近平总书记的谆谆嘱托，把挖掘好、传承好、弘扬好以雨花英烈精神为代表的城市红色资源作为培根铸魂的政治任务，推动制定《南京市红色文化资源保护利用条例》，编制实施专项规划，扎实推进保护利用、研究阐释、阵地建设、宣传教育四大工程，用心用情用功讲好红色故事、传承红色基因，积极发挥红色文化滋养人、教育人、激励人的作用。①

① 陈勇：《从红色基因中汲取智慧和力量》，《群众》2021 年第 11 期。

第二章 传承弘扬的困难与机遇

面对南京优秀历史文化丰富的内涵构成，如何顺利实现南京优秀历史文化的创造性转化、创新性发展，切实提升南京文化影响力，高质量推动南京文化建设走在前列，传承与弘扬南京优秀历史文化，是中共南京市委、市政府需要考虑的首要问题。在新时代，传承弘扬南京优秀历史文化，可谓困难与机遇并存。

一、传承弘扬的困难

在受到全球化冲击和新时代提出的新要求下，南京优秀历史文化传承弘扬面临着民众传承观念较为淡薄、传承弘扬技术手段较为单一、政策法规有待进一步完善、传承人才队伍匮乏、资金投入力度仍需加大等多方面的困难。

（一）观念比较淡薄

当下，随着全球化和我国对外开放日益扩大，以欧美为主导的资本主义现代文化不断冲击我国的优秀历史文化，西方价值观和价值体系也通过文化产品不断渗透进来，资本主义现代文化的符号几乎充斥我国的每一个角落，中国人开始越来越疏远自己的民族文化，出现了以洋为美、以洋为尊，甚至贬低、漠视优秀历史文化的现象。全球化的浪潮正在影响冲击中华优秀历史文化，许多国人开始出现文化迷茫和纠结，开始痴迷西方文化，如崇尚西方的科教、技艺和产品，过洋节等，逐渐造成了优秀历史文化的观念淡薄。同时，由于对传统文化缺少传承弘扬的意识，使得我们民族的瑰宝流落海外，最典型的是端午节、中秋节等传统民族节日也被其他国家抢先申报世界非物质文化遗产。另外，中国传统文化的一些消极内容也被放大和神秘化，造成不良影响。

南京作为“创新名城、美丽古都”，其长期形成的优秀历史文化不可避免地受到当今全球化的冲击，南京市民也在一定程度上出现了对西方文化的热衷和对中华优秀历史文化的淡薄与忽视。尽管南京市各级党委、政府各部门和社会各界一直以来对中华优秀历史文化的传承与弘扬的理念已经趋向共识，并且通过众多活动激发人们对中华优秀历史文化的兴趣，增强人们对优秀历史文化的意识，如“城门挂春联，南京开门红”活动、国际知名城市“南京周”“六大民俗节庆”“我们的节日”“少年传承中华传统美德”等文化传承活动。但面对新时代和全球化带来的新挑战，南京更应持续开展传统节日、民俗展演、非遗传承、文化体验、国学讲堂等多种类型的公益性、群众性活动，让南京市民切实走进、了解、学习传承优秀历史文化，注重在如何增强民众对优秀历史文化的意识和兴趣、活化优秀历史文化、提升南京文化影响力、平衡传统文化与城市建设之间利益冲突等方面有更多的新作为。

第 32 届秦淮灯会与“城门挂春联”活动

（二）技术手段较为单一

传统文化与科学技术是相互联系和相互促进的，传统文化孕育了辉煌灿烂的科技，科技作为生产力，反过来也影响了中华传统文化[①]，优秀

① 岳敏：《科学技术的发展与中国传统文化的相互关系》，《学理论》2011 年第 32 期。

六朝博物馆

历史文化只有通过现代科学技术的传播才能得到升华。随着“互联网+”的兴起，大数据及4G、5G网络的快速发展，移动智能终端的迭代，自媒体的快速崛起，人们的文化生活习惯也随之发生颠覆性的改变。在过去及当前的一段时期内，优秀历史文化的传播技术和手段较为落后和相对单一，主要是通过传统购买和阅读纸质书刊完成传播，而互联网技术和数字技术的运用比较滞后，直接影响了优秀历史文化的生命力和传播力。

虽然在加强传播能力建设、整合宣传资源、综合运用各类载体宣传推广、创建南京传统建筑和园林营造技艺数据库、《金陵全书》数字化平台、数字化博物馆和网上交流平台等方面普遍运用新技术，做出了一些实绩，但南京在推广普及优秀历史文化上仍需进一步加强。如在总的原则上，坚持“传统文化为体，《金陵全书》数字化平台、数字技术为用”方面力度还不够；在具体技术层面上，通过数字化手段保存文物的

南京博物院

同时，需要更加注重数字技术与观众尤其是年轻观众的互动，以更加丰富、多元和生动的数字文创产品，让馆藏文物活起来[①]；运用“互联网+”技术，进一步整合南京市、区图书馆、博物馆、纪念馆，探索公共文化服务新模式，为南京市民提供更加便捷、全面的馆内数字资讯；进一步做好具有在线讨论、分享、沟通等功能的“数字社区服务”，建好“中央厨房”式全媒体报道平台；进一步做好南京传统文化和革命文化类图书的数字化工作等。

（三）政策法规有待完善

近些年来，从中央到地方各级党组织和政府越来越重视优秀历史文化的传承弘扬工作，制定了相关的政策法规，使得优秀历史文化的传承

① 马爱平：《数字技术让传统文化活起来》，《科技日报》2016年6月11日。

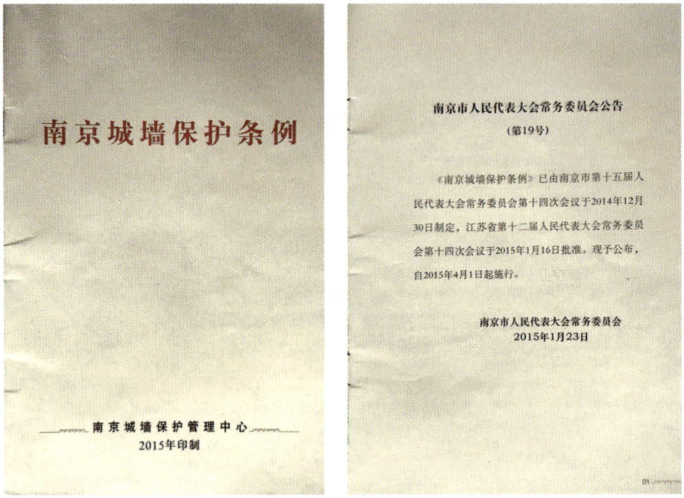

《南京城墙保护条例》书影

弘扬得到一定程度的保护和加强。

但是，从目前南京现状来看，相关配套政策还未能很好落实，主要表现有：南京文化资源还需全面、系统梳理；金陵文脉整理、研究工作仍需进一步挖掘；非物质文化遗产、馆藏文物普查建档制度还需进一步完善；文物保护单位保护规划编制工作仍需进一步推进；历史文化街区保护规划编制工作还需继续加快；中国明清城墙和海上丝绸之路联合申遗系统工作仍需进一步推进；大运河沿线历史文化名城名镇名村、水利水运遗产调查、保护仍需进一步加强[①]。在相关法规立法和执行方面，需要进一步完善和落实《南京市历史文化名城保护条例》《南京城墙保护条例》《南京市非物质文化遗产保护条例》《南京市地下文物保护条例》[②]等一系列与南京优秀历史文化传承相关的法律，加大立法执法的力度，使文化传承有法可依、有法必依。

---

①参见中共南京市委办公厅、南京市人民政府办公厅：《关于推动文化建设高质量走在前列的实施方案》，2018年。

②参见叶南客主编：《南京市经济社会发展蓝皮书》（2017—2018），南京出版社2017年版；《南京市经济社会发展蓝皮书》（2018—2019），南京出版社2018年版。

（四）人才队伍较为短缺

南京晓庄学院学生们正在聆听讲座

人才对优秀历史文化的传承弘扬，一直起着基础性和关键性作用。但是由于长期受到外来文化和复杂国际形势的影响，国人对优秀历史文化传承意识的淡薄，普及力度不够，宣传力度缺乏，教育趋向功利化和实用主义，全社会缺少优秀历史文化传承的浓厚氛围，因此中华优秀历史文化专业人才和创新人才的培养也随之陷入困境。

南京在传承弘扬优秀历史文化过程中，在人才培养政策的落实、传承环境的营造、专业人才的教育与培养等方面做出不少成绩，但总体上来看，由于传统文化部门经济效益不高，南京大部分从事传统文化传承的人员福利待遇较差，地位较低，许多专门人才或被企业挖走，或到别处另谋发展，人才流失现象严重①。再加上基层文化遗产保护管理和专业人员欠缺现象较为严重，文物保护管理机构面临着工作人员不足等问题②，从而造成了人才队伍失衡、短缺，甚至是断代的现象。此外，由于相关部门的人才意识淡薄，对传统文化人才的重视和保护力度不够，在教育中，教材内容单一、师资队伍薄弱、课程设计不合理等问题较为普遍，也造成了部分优秀历史文化传承人文化层次水平较低，缺乏基本

① 叶南客：《推动南京文化建设迈上新台阶》，《南京日报》2015年2月3日。

② 郭万超、孟晓雪：《中华传统文化传承和弘扬存在的主要问题》，《学术前沿》2017年第2期。

学术涵养，其专业理论水平尚待进一步提高[①]。因此，我们急需结合南京实际，培养出一批专业理论水平高、深受广大市民欢迎、适应新时代要求的复合型创新人才队伍，让优秀历史文化更有长久生命力，真正实现传下去。

（五）资金投入需要加大

优秀历史文化的传承弘扬是一个庞杂的系统工程，这一系统工程需要大量的资金作为支撑。尽管近年来各级党和政府对优秀历史文化投入大量的资金，但与庞大的传统文化传承系统性工程相比显得杯水车薪，成为制约系统工程有效持续推进的至关重要的因素。

南京是一座拥有深厚历史文化底蕴、丰富优秀历史文化资源的城市，近几年来，市委市政府加大了对南京优秀历史文化传承与弘扬的资金扶持力度，收到了令人较为满意的效果。但从长远和整体看，南京仍需在诸多方面加大经费扶持力度，如需进一步完善文物保护投入机制，建立文物保护专项资金；积极引导鼓励社会力量参与文物保护利用；进一步提升优秀历史文化自身的“造血”功能，将文化资源与旅游结合起来，建设一批具有南京特色的文化旅游产业；进一步创新投融资体制，充分利用省大运河文化旅游发展基金，推动更多社会资本参与项目建设[②]；进一步加大对传承重要的依托传承场所、文化场馆等文化公共设施的建设力度，从而满足更多群体对传统文化的需求，扩大优秀历史文化的传播。

总之，面对新形势和新任务，南京急需在进一步提高大众对历史文化传承观念、创新技术传播手段多元化、政策法规贯彻落实、创新性复合型人才队伍建设培养以及加大资金扶持等方面多做文章，才能在传承与弘扬南京优秀历史文化方面取得更多、更大的新成绩、新发展。

---

① 董成雄：《中国优秀传统文化的系统解读和传承建构》，2016 年博士学位论文。

② 参见中共南京市委办公厅、南京市人民政府办公厅：《关于推动文化建设高质量走在前列的实施方案》，2018 年。

二、传承弘扬的机遇

尽管南京在传承弘扬优秀历史文化时面临着上述几方面的困难，但也蕴藏着难得的发展机遇。主要有：

（一）政府层面的倡导

在漫长的历史进程中，中国人民培育了历久弥新的优秀历史文化，它不仅在历史上对中华民族的发展和进步发挥了重要作用和深远影响，而且对今天我们正在进行的中国特色社会主义事业和实现中华民族伟大复兴的中国梦也具有重要的作用[①]。党的十八大以来，以习近平同志为核心的党中央高度重视弘扬中华优秀历史文化，始终从中华民族最深沉精神追求的深度看待优秀历史文化，从国家战略资源的高度继承优秀历史文化，从推动中华民族现代化进程的角度创新发展优秀历史文化，使之成为实现“两个一百年”奋斗目标和中华民族伟大复兴中国梦的根本性力量[②]。在党的十九大报告中，习近平总书记进一步提出了“没有高度的文化自信，没有文化的繁荣兴盛，就没有中华民族伟大复兴”，强调中华民族伟大复兴需要以中华文化发展繁荣为条件，推动中华优秀历史文化的创造性转化与创新性发展是新时代党带领中国人民建设社会主义文化强国、提升中国文化软实力的重要工作。

2017 年 2 月，中共中央办公厅、国务院办公厅印发了《关于实施中华优秀传统文化传承发展工程的意见》，这也是国家第一次从顶层设计的角度，以中央文件形式专题阐述中华优秀历史文化传承发展工作，凸显了中华优秀历史文化传承弘扬已进入顶层设计和战略部署阶段。这对于传承中华文脉、全面提升人民群众文化素养、维护国家文化安全、

① 高长武：《习近平为什么高度重视传承和弘扬中华优秀历史文化》，中国孔子网，2016 年 9 月 29 日。

② 郭超：《用传统文化之光照亮民族复兴之路——十八大以来中华优秀历史文化传承发展述评》，《光明日报》2017 年 9 月 21 日。

增强国家文化软实力、推进国家治理体系和治理能力现代化，具有重要意义。

在进入新时代的当下，无论在理论层面，还是在具体的实践层面，中央都高度重视中华优秀历史文化工作，这为传承弘扬优秀历史文化指明了方向，也必然会带来文化的大发展、大繁荣。

江苏作为文化大省，自古文化底蕴深厚。江苏既是中国历代最繁荣富裕的地方，也是文化传统最深厚浓郁的地方，吴韵汉风、魏晋风度、大明气势、人文情怀，都在江苏有着突出的表现，并影响了一代又一代江苏人①。近年来，江苏在传承弘扬优秀历史文化、建设文化强省等方面多措并举，取得了较多成绩。如2017年江苏省委、省政府出台了《江苏省实施中华优秀传统文化传承发展工程工作方案》，将优秀历史文化传承发展工程作为长期性、系统性工程抓实抓细。首次系统全面实施梳理研究江苏省历史文化的大型工程——江苏文脉工程，而《江苏文库》是这项工程的重要组成部分。从2016年开始，江苏文脉工程计划用10年时间完成《江苏文库》的编辑出版工作②。加强文化遗产和档案记忆的保护、传承和利用，做好地方志和年鉴的编修工作③。推进大运河文化带规划和建设，深入开展全民阅读，加快“书香江苏”品牌建设④。这些成绩的取得，为江苏优秀历史文化的传承弘扬提供了深厚的文化土壤，也必将为推动江苏“高质量发展走在前列”提供便利环境，更好满足江苏人民对美好生活的向往。

南京作为历史文化名城，在其悠久的历史发展中逐渐形成了丰富、全面和系统的南京优秀历史文化⑤。南京市委、市政府结合南京实际，

---

① 龚良：《弘扬传统文化 服务美好生活》，《群众》2018年第11期。

② 参见王宏伟、冯圆芳：《在江苏传统文化成果中找准主脉》，《新华日报》2018年8月3日。

③《2017年江苏省人民政府工作报告》

④《2018年江苏省人民政府工作报告》

⑤ 卢海鸣：《构建南京优秀传统文化出版体系初探》，《中国新闻出版广电报》2018年4月11日。

2018 年首届南京书展评出首批“南京最美图书”

2018 年首届南京书展开幕式

统筹部署、贯彻落实南京优秀历史文化传承弘扬工作。如南京市从自身的实际出发，先后制定了《南京城市发展总体规划》《南京历史文化名城保护规划》等总纲性法规，并先后颁布了非现行文物法规与现行文化法规十余个,初步形成了较为完善的保护历史文化资源的法规条例体系，提供了保护历史文化资源的法治依据[①]。以严格的措施保护好城市物质文化遗产和非物质文化遗产，以及历史街区、历史风貌区和历史名镇名村，推进重要近现代建筑和重要工业遗产的保护利用[②]，实时颁布《关于保护和促进老字号发展的若干意见》，提升南京老字号品牌价值，充分发挥老字号在南京经济和社会建设中的作用,并支持一批文化特色浓、品牌信誉高、有市场竞争力的老字号做精做强。通过规划和调研，将出版南京乡土文化和乡土文学读本提上议事日程。另外，南京市在中小学大力培育和践行社会主义核心价值观教育，举办“传承中华传统美德”系列教育活动、传统文化专题讲座和首届“优秀历史文化与文化自信”研讨会等文化活动。南京市还举办了南京书展、“南京最美图书”评选等活动，提升了南京文化软实力，增强了广大干群文化自信，不断提高南京文化的影响力。

① 朱明：《南京历史文化资源存量与价值评估》，《现代城市研究》2004 年第 5 期。
②《2016 年南京市人民政府工作报告》

“十四五”期间，南京将进一步坚定文化自信、打造文化标识、讲好南京故事，大力弘扬社会主义核心价值观，切实用社会主义核心价值观凝心聚力，用中华传统美德成风化俗，构筑道德风尚建设高地。制定实施《南京红色文化资源保护利用规划》，挖掘南京丰富的党史资源，大力传承弘扬雨花英烈精神，把红色基因一代代更好地传承下去①。这样的良好机遇，结合南京申报世界“文学之都”，以及中国明清城墙和海上丝绸之路联合申遗工作等深入推进，必将为南京优秀历史文化的传承和弘扬提供千载难逢的契机。

（二）社会层面的积极响应

传承弘扬优秀历史文化不能止于政府机构或相关部门的推广、努力，也需要全社会一起努力，形成自觉主动传承弘扬的良好氛围，为其提供持续、强大的发展动力。古语云：“仓廪实而知礼节，衣食足而知荣辱。”经过40多年的改革开放，我们的国家发生了翻天覆地的变化，经济发展、人民的物质生活水平日益提高，随之对精神文化生活的需求也不断提高。人们对优秀历史文化也越来越重视，积极主动参加各类读书会、文化讲（学）堂等文化活动，接受传统文化的再教育，陶冶自己的情操。一些有条件的家长还逐渐通过家庭教育，将传统文化渗透在日常的生活教育中，让自己的孩子感受传统文化的博大精深和深远持久，感受优秀经典文

幼儿园的孩子们在文都书店吟诵《南京童谣》

① 《2018年南京市人民政府工作报告》。

南京市阅读推广人卢海鸣寄语中山小学的学生们多读好书、报效祖国

化的浸润。学校也逐渐将传统文化课开足、开齐，通过校园环境建设、班级文化建设等途径来突出传统文化的特色和经典，让孩子爱上传统文化。同时，近年来由于社会舆论氛围创设功能的发挥，通过电视、广播、报纸、图书等传媒途径，营造出了积极向上的舆论氛围。

进入 21 世纪以来，在“文化南京”战略大背景下，南京文化特色得到彰显，城市的魅力凸显，在实践中给南京带来了可喜变化，文化已经成为人们生活不可或缺的重要组成部分①。在如火如荼的“书香南京”建设带动下，南京广泛开展全民阅读活动，引导广大市民“多读书、读好书、善读书”，在全社会营造更加浓郁的阅读氛围。与此同时，各种社会力量的积极参与，携手努力，面向市民大力开展形式多样的阅读分享、文化传播活动，也为南京优秀历史文化的传承与弘扬提供了众多便利，这其中尤以南京出版社为典型代表。

南京出版社自 1988 年建社以来，始终主动担当，将南京地方历史文化的传承、发展、创新作为出版社的重点，出版了一系列有关南京的

① 参见中共中央党史研究室科研管理部编：《全国党史系统庆祝中华人民共和国成立六十周年学术研讨会论文集》，中共党史出版社 2011 年版。

专家们与读者在首届南京书展举办期间进行互动

精品力作，打造出“五位一体”的地方文化出版体系[①]，形成了“最南京”的特色品牌。南京出版社成立了南京市第一家全民阅读工作站，近年来着力打造校园、社区、景区等阅读基地和“最南京”阅读书柜的建设，向广大读者特别是青少年学生宣传南京的历史文化，更好地推动中华优秀历史文化的传承和发扬，从而凝心聚力，繁荣社会主义文化[②]。

综上所述，在中央对优秀历史文化工作方针的正确指引下，紧跟江苏省委省政府和南京市委市政府统筹规划、贯彻落实文化建设的具体举措，再加上浓厚社会氛围所提供的持久强大动力，南京优秀历史文化的传承与弘扬必然会迎来进一步繁荣发展的良好局面。

---

① 卢海鸣：《关于图书出版与地方文化传承的思考——以南京出版社为例》，《新世纪图书馆》2016 年第 11 期。

② 南京教育视点：《传承南京历史文化 首家“最南京”校园阅读基地揭牌》，凤凰网江苏：https://js.ifeng.com/a/20180511/6569563_0.shtml。

第三章　传承弘扬的对策和路径

一、开展“南京学”研究

南京是我国四大古都之一，也是国务院首批公布的全国历史文化名城之一，山水城林浑然一体，人文景观星罗棋布，享有“六朝古都”“十朝都会”的美誉。自公元前472年越王勾践命令大臣范蠡在今中华门外的长干里修筑越城，南京迄今已有近2500年的建城史。在波澜壮阔的历史发展进程中，南京形成了丰厚的历史积淀和独特的地域文化，在中华文明史上写下了浓墨重彩的篇章。著名文史学家朱偰先生写道：“文学之昌盛，人物之俊彦，山川之灵秀，气象之宏伟，以及与民族患难相共、休戚相关之密切，尤以金陵为最。”[①]

长期以来，虽然有关南京的各类作品层出不穷，但是，学界对于南京优秀历史文化尚缺乏全面、系统、深入的研究，南京文化的精髓尚未得到充分地挖掘、整理和弘扬。在党中央、国务院大力倡导弘扬中华优秀传统文化并颁布《关于实施中华优秀传统文化传承发展工程的意见》的背景下，以家国情怀和全球视野为基点，创立一门独立的“南京学”学科体系，聚合各界力量，整合学术资源，提升南京文化的研究高度，拓展南京文化的研究广度，加大南京文化的研究深度，增加南京文化的研究温度，彰显南京文化的独特魅力，既是建设“创新名城，美丽古都”南京和建设“文化江苏”的现实需要，更是传承弘扬中华优秀传统文化的应有之义。

---

① 朱偰：《金陵古迹图考》，商务印书馆1936年版。

（一）“南京学”的内涵和外延

“南京学”是以南京为中心，研究其自然、人文和社会的一门综合性学科。它涉及地理、地质、气候、动植物、文学、历史、哲学、艺术、政治、经济、法律、社会、人类、民族、宗教、民俗、科技、语言、建筑和文献等多个领域，旨在推动以南京文化为重要组成部分的中华优秀传统文化的挖掘、整理、传承、弘扬和发展，提升南京的文化软实力和国际影响力。“南京学”的研究范围，主要包括以下三个方面：

1. 自然科学。包括数学、天文学、物理学、化学、地球科学、生物学等基础科学和医学、农学、气象学、材料学等应用科学，是以自然界为研究对象的科学。主要研究自然界的物质形态、结构、性质和运动规律。就南京而言，着重研究南京的生态环境，如地理、地质、气候、动植物等自然因素对南京建都和城市建设发展的利弊。

从台城眺望紫金山和玄武湖

2. 人文科学（学科）。包括文学、历史学、哲学及其基础学科和美学、逻辑学、宗教学、伦理学、文献学、考古学等，是指以人类文化现象作为研究对象的科学。主要通过研究人类的精神世界和精神文化，以揭示人类社会文化领域的本质和发展规律。就南京而言，着重研究历史人物在南京的精神活动和南京建城2500年来的精神文明成果，以及这些精神财富对当代南京的作用和影响。

3. 社会科学。包括政治学、经济学、法学、人类学、社会学等，是以人类社会为研究对象的科学。主要研究并阐述各种社会现象及其发展

江南贡院明远楼雪景

莫愁湖内的莫愁女雕像

规律。就南京而言，着重研究南京的历史发展规律及其与中国历史发展规律之间的内在联系。

（二）创立“南京学”的基础

“南京学”作为客观存在的一门学科，应该说，从公元前472年南京建城之日起就已经开始萌芽。时至今日，它作为一门独立的学科条件已经成熟。具体说来，今天我们创立“南京学”，有以下几个良好基础：

1. 深厚的文化底蕴

南京占据了长江下游的特殊地理位置，三面环山、一面阻水的自然环境无疑是古代帝王定都的首选之地。三国时期的蜀汉政治家诸葛亮称：“钟山龙盘，石头虎踞，此乃帝王之宅也。”[①] 南京拥有连绵的青山，逶迤的秀水，蜿蜒的古城，丰茂的林木，任何一景都足以令人陶醉。如果说，“山水城林”融为一体的自然景观使南京拥有了无限魅力的话，那么，深厚的文化底蕴则铸就了南京这座古都

萧统安宁陵石麒麟

①（唐）许嵩：《建康实录》卷2，引西晋张勃：《吴录》，中华书局1986年版。

的不朽灵魂。在漫长的历史发展过程中，南京积淀了丰富的文化宝藏，既包括北阴阳营新石器时代遗址、湖熟文化遗存、南朝陵墓石刻、南唐二陵、明孝陵、明城墙、龙江宝船厂遗址、中山陵、总统府等物质文化遗产，又包括书法绘画、诗词歌赋、戏剧小说以及南京云锦织造工艺、金陵刻经技艺、秦淮灯彩扎制技艺等非物质文化遗产，还包括《昭明文选》《文心雕龙》《永乐大典》等文献典籍类记忆遗产。

中华门城堡与第 28 届中国秦淮灯会

2. 集聚的名人群体

南京文化之所以能够在整个中华文化中独具魅力，成为中华优秀传统文化中的一个重要组成部分，除了地域文化本身的浓厚底蕴以外，还有一个很重要的因素，这就是在这一片土地上孕育产生过在历史上享有突出声望、做出过突出贡献、令后人无限钦仰的杰出人物。清代文人余怀《板桥杂记》中赞美南京：“衣冠文物，盛于江南；文采风流，甲于海内。”

孙权、朱元璋、孙中山这样的开国伟人自不必说，他们的文韬武略，丰功伟绩，彪炳千秋；一代名将谢玄、岳飞、韩世忠、徐达、邓廷桢、徐绍祯，气吞山河，力挽狂澜，战功赫赫；一代名臣范蠡、诸葛亮、王导、谢安、王安石、刘基、曾国藩，励

诸葛亮

徐达

文天祥

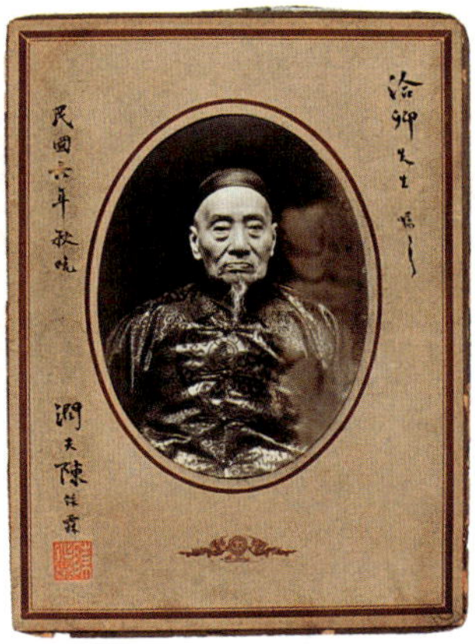

陈作霖

精图治，运筹帷幄，富国强兵，他们共同为南京乃至中华民族的和平发展与辉煌荣光奠定基石。历朝历代，南京这块沃土人文荟萃，群星璀璨，既有谢灵运、谢朓、鲍照、李白、刘禹锡、杜牧、李煜、周邦彦、李清照、辛弃疾、文天祥、萨都剌、高启、纳兰性德这样的大诗人、大词家，又有范晔、沈约、萧子显、裴松之、许嵩、周应合、张铉、解缙、姚鼐、陈作霖、朱偰这样的史学家和方志学家；既有支谦、康僧会、葛洪、法显、僧祐、陶弘景、达摩、法融、文益、可政、宝志、太虚、达浦生、丁光训这样的宗教人物，又有萧统、刘勰、颜之推、李煜、焦竑、李渔、汤显祖、孔尚任、吴敬梓、曹雪芹、袁枚、卢前、胡小石、唐圭璋这样的文坛泰斗；既有皇象、王羲之、王献之、颜真卿、邓石如、林散之、萧娴、高二适这样的书法巨擘，又有顾恺之、陆探微、张僧繇、萧绎、顾闳中、王齐翰、董源、卫贤、巨然、髡残、龚贤、郑板桥、徐悲鸿、傅抱石这样的绘画名家。科学技术领域亦是人才济济。南朝时期祖冲之，在世界上第一次将圆周率值推算到小数点后第 7 位，比欧洲早了 1000 多年；明朝初年郑和从南京出发，七下西洋，乘风破浪，直抵非洲，成为世界航海史上的佳话，比哥伦布发现新大陆还要早 87 年，南京由此成为中国海上丝绸之路的重要城市；清代巾帼奇才、天文学家王贞仪，由于她为科学发展奠定基础，所做的特殊贡献，2000 年，国际天文学联合会以她的名字命名了金星上的一个陨石坑。民国时期吕彦直设计的中山陵，布局奇巧，寓意深远，成为中国近代建筑史上中西合璧的典范之作。

3. 雄厚的学术团队

南京是中国四大科教中心之一，拥有南京大学、东南大学、南京师范大学、南京航空航天大学、南京理工大学、南京农业大学、南京林业大学、南京工业大学、南京晓庄学院等著名高校，这些高校在各自领域都做出了突出贡献。此外，有关南京文化研究的学术机构和团体门类齐全，综合性的有江苏省社科联（社会科学院）、江苏省作协、南京市社科联（社会科学院）、南京市作协、南京城市文化研究会、南京古都学

2020 年 1 月 4 日南京城市文化研究会部分会员合影（成贤街 43 号楼顶）

2020 年 12 月 28 日南京市作协第六次会员代表大会

2021 年 5 月 26 日南京市社科联九届一次会议

2020 年 6 月 18 日，相关单位和学术团体纪念陈作霖逝世 100 周年纪念会

会、南京历史文化名城研究会、南京历史学会等；断代史方面的包括江苏省六朝史研究会、江苏省中国近现代史学会、南京六朝文化研究会、南唐文化研究院、南京明文化研究会、南京太平天国史研究会、南京中华民国史研究会等；专门性的有南京市考古研究院、侵华日军南京大屠杀史研究会、南京文化遗产保护与利用研究会、南京钟山文化研究会、南京大学南京历史文化研究中心、南京大学世界文化遗产中心、南京城墙研究会等。这些高校、科研院所和学术团体，汇集了一批科研能力强、学术水平高的研究力量，这些机构的许多研究工作在全国处于学界领先地位。

4. 丰硕的成果积淀

古往今来，南京独特的山川形胜和丰厚的历史底蕴，给世人提供了不竭的创作灵感和源泉。在南京诞生或以南京为主题的诗词歌赋比比皆是。创作者不仅有才子佳人，更有帝王将相和外来使节。诗词歌赋的门类众多，既有乐府诗、游仙诗、边塞诗，也有山水诗、宫体诗、怀古诗

《玉台新咏》书影　《法显传》（又名《佛国记》书影）

以及各类辞赋，其中流传下来的大多是经典之作，南京因此有“诗国”之称[①]。

南京这座古老的城市，给中国乃至整个世界，留下了一批又一批不朽的文化遗产。文学方面，既有《世说新语》《昭明文选》《玉台新咏》《桃花扇》《儒林外史》《红楼梦》之类的巅峰之作，又有《文心雕龙》《诗品》之类的经典文艺理论和批评著作。史学方面，既有记录国家历史全景的《后汉书》《宋书》《南齐书》《元史》《永乐大典》，又有专注于南京地方历史全貌的《建康实录》《景定建康志》《至正金陵新志》《洪武京城图志》《首都志》《金陵古迹图考》。书画方面，既有《古画品录》《续画品》之类的理论著作，又有《芥子园画谱》《十竹斋书画谱》之类的入门教材。宗教方面，既有不朽的佛教和道教典籍《抱朴子》《佛国记》《弘明集》《高僧传》《永乐南藏》《金陵梵刹志》，又有重要的伊斯兰教文献《天方典礼》《天方性理》《天方至圣实录》。科技医药等领域，既有《肘后备急方》《本草经集注》《本草纲目》之

① 胡小石：《南京在中国文学史上的地位》，载《胡小石论文集》，上海古籍出版社 1982 年版。

类的医药学名著，又有《首都计划》《科学的南京》之类的科技规划作品。

《南京民国建筑》书影

新中国成立以来，特别是进入21世纪后，有关南京的学术研究呈现井喷的态势，出版的研究成果可粗分为以下四大类。一是文献古籍类，如《金陵全书》、“南京稀见文献丛刊”等；二是辞典图录类，如《南京词典》《南京大百科全书》《南京大屠杀辞典》《中国南京云锦》《南京百年风云》《南京历代风华》《南京当代风采》等；三是学术研究类，如《南京通史》《南京通志》《南京园林志》《南京水利志》《南京明清建筑》《南京民国建筑》《南京历代运河》，以及“六朝文化丛书”“十朝故都文化丛书”“南京大屠杀史研究与文献系列丛书”等；四是大众普及类，如《朱元璋传》、《南京史话》、“可爱的南京丛书”、“文化南京丛书”、“我爱南京丛书”、“品读南京丛书”、“南京地标丛书”、“魅力南京丛书”等。

《长安学丛书·综论卷》书影

5. 方兴未艾的城市学

21世纪以来，在我国历史文化名城中，为统合各方面力量有计划地开展城市文化的研究，更好地挖掘、传承、弘扬、发展中华优秀传统文化，以一座城市为研究对象的综合性学科纷纷成立。

就我国四大古都而言，西安、洛阳和北京已经创立或正在创立其城市学。早在2005年，西安就有了“长安学”。时任陕西省文史研究馆党组书记、馆长李炳武先生发表《积极开展长安学研究》

一文，提出建立长安学派，并陆续编辑《长安学论丛》《长安学丛书》等书。“长安学”是以历史为起点，依托于周秦汉隋唐文明，对以古代长安为中心的陕西历史文化进行全面研究的一门综合性学科。它综合了哲学、历史、考古、文学、艺术、民族、宗教、地理、科学技术、文献研究等多个方面和多个层次。2013 年 3 月 29 日，陕西师范大学成立“国际长安学研究院”，旨在推动以长安文化为重要组成部分的中华民族优秀传统文化的世界传承，推动社会主义文化建设大发展大繁荣，提升区域和国家的文化软实力与国家影响力。

2010 年 11 月 27、28 日，来自中国和日本的近 20 位学者，在日本东京明治大学召开的“洛阳学国际研讨会”上，共同催生“洛阳学”。作为一门新兴学科，“洛阳学”虽然尚无明确的概念界定和理论体系，但是它倡导联合不同领域的专家学者以广阔的视野来关注和研究洛阳，为我们诠释历史提供了新的思路。

北京联合大学早在 2000 年前后就成立了北京学研究所。北京学以研究北京为己任，“立足北京，研究北京，服务北京”。北京学研究既涉及北京的历史，更侧重北京的现实和发展；既涉及局部性的各个领域，更侧重整体研究这个视角；既重视实践问题的讨论，又以建立北

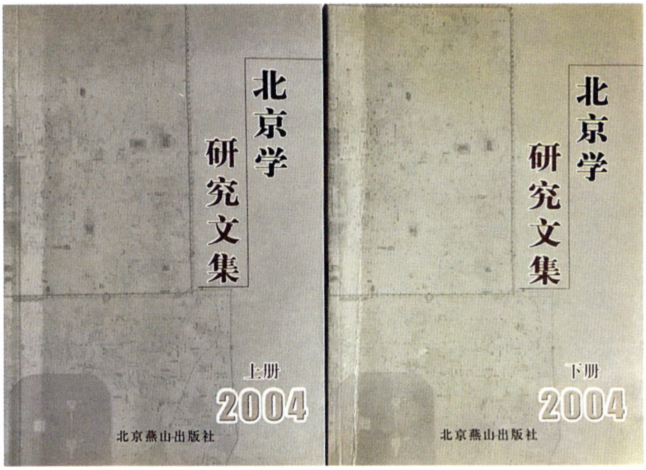

《北京学研究文集》书影

京学的理论体系为更高目标。该所举办一年一度的学术研讨会，出版了《北京联合大学·北京学研究专刊》《北京学研究文集》，还与国内一批地方学研究机构和国际上相关研究团体进行交流等。北京还酝酿创立“幽州学”。“幽州学”概念最早由日本明治大学气贺泽保规教授提出。2015 年、2016 年在清华大学先后召开了第一、第二届“幽州学学术研讨会”。2018 年 1 月 20 日，由中央民族大学历史文化学院主办、民族博物馆协办的“出土文献、传世文本与理论思考——第三届幽州学学术研讨会”在北京举行。来自中日双方高校与科研院所的 30 余位学者共聚一堂，对“幽州学”的过去、现状与未来这一议题进行了深入的对话与交流，标志着“幽州学”的概念开始逐步形成。

西安、洛阳和北京这三大古都相继建立和正在建立“长安学”“洛阳学”和“幽州学”，为我们创立“南京学”提供了宝贵的借鉴。

由上可见，创立“南京学”学科体系的内在条件和外部环境已经成熟。

（三）“南京学”研究的三个维度

针对南京所处的独特地理位置、历史地位和拥有的丰厚文化资源，我们开展“南京学”研究，必须以历史为轴线，从地理、政治和文化三个维度加以着手，才有可能取得重大突破，进而推动南京优秀历史文化的传承和弘扬。

1. 地理维度

历史上的南京，地域范围变动不居。开展“南京学”的研究，首先必须要明确空间范围。

春秋时期（前 770—前 476），南京地处吴楚争霸的“吴头楚尾”之地，开始登上中国历史的舞台。这一时期的南京还未形成一个地理概念。

战国时期（前 475—前 221），南京地区先后涌现出越国建造的越城和楚国修建的金陵邑两座城池，南京的地理范围仍然没有固定。

秦汉实行郡县制。南京地区被改称秣陵，县治设在秦淮河中游的秣

吴越楚地图（《金陵古今图考》）

陵关，隶属鄣郡管辖，首次明确了南京的管辖范围，大致相当于今天南京行政区的江南部分和句容、马鞍山一带。自汉朝末年起，扬州刺史治所、丹阳郡治所分别迁到南京，一直延续到唐朝初年。汉末扬州刺史管辖的范围大致涵盖了江苏南部、安徽南部、江西、浙江、上海、福建等地，丹阳郡领有江乘、秣陵、丹阳、句容、溧阳、湖熟等 19 县[①]。

孙吴黄龙元年（229）夏四月，孙权在武昌（今湖北鄂州）称帝，建立吴国，同年秋九月，孙权迁都建业（今江苏南京），并在今天的南京主城区建城。南京从此由默默无闻的江南小城发展成为一座举足轻重的都城。建业隶属于丹阳郡。

西晋太康元年（280）灭吴，统一中国，对吴国都城建业采取了一系列抑制措施。首先是废建业之名，更名为秣陵，降格为一座县级城市。其次，采取分而治之的策略。太康元年，分秣陵设置临江县，次年改称

① 卢海鸣：《南京历代名号》，南京出版社 2018 年第 2 版。

江宁县；太康三年（282），又以秦淮河为界，将秣陵分为建邺和秣陵两个县。江宁、秣陵、建邺均隶属于丹阳郡。

公元317年，琅邪王司马睿在王导、王敦的扶持下，在建康（今江苏南京）建立东晋政权。此后，宋、齐、梁、陈四个政权相继以建康为都城，史称南朝。东晋南朝时的建康与秣陵、丹阳、江宁、永世、溧阳、湖熟、句容8县同属于扬州八郡之一的丹阳郡管辖。

隋开皇九年（589），灭陈，统一中国，将建康城“平荡耕垦”，化为农田，并在石头城设置蒋州。大业三年（607），撤蒋州置丹阳郡。蒋州或丹阳郡仅下辖江宁、当涂、溧水三县。

唐朝时期，南京先后称作丹阳、归化、金陵、白下、江宁、昇州、上元。面积最大时是唐肃宗乾元元年（758），改江宁县置昇州，领有江宁、句容、溧水、溧阳四县。

五代十国时期，杨吴在金陵建西都，南唐在金陵建都，改金陵府为江宁府，下辖上元、江宁、溧水、溧阳、句容、广德、当涂、芜湖、繁

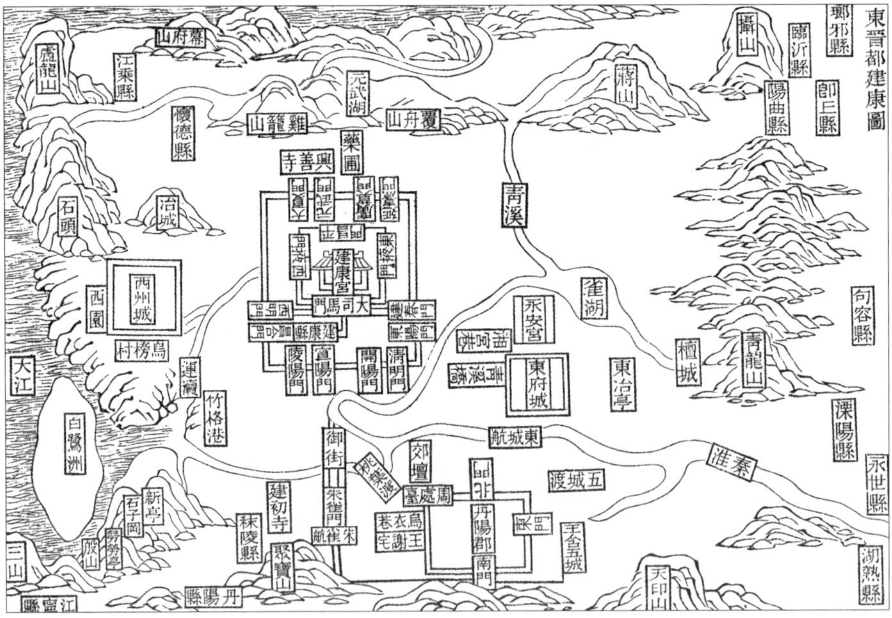

东晋都建康图（《金陵古今图考》）

昌、六合、铜陵、青阳等县。

两宋时期，先后在南京设江宁府、昇州、建康府治所，辖江宁、上元、溧水、溧阳、句容五县。

元至元十四年（1277），建康宣抚司改为建康路总管府，统辖在城录事司（管理建康城内事务），以及上元、江宁、句容三县和溧水、溧阳二州。元文宗天历二年（1329），改建康路为集庆路，辖境未变。

洪武元年（1368），朱元璋在应天府称帝，国号大明。明朝南京（又称南直隶、南畿）统辖应天、凤阳、淮安、扬州、苏州、松江、常州、镇江、庐州、安庆、太平、宁国、池州、徽州 14 府，以及徐州、滁州、和州、广德 4 直隶州，属下有 17 州、97 县。其中应天府辖上元、江宁、句容、溧阳、溧水、江浦、六合、高淳八县。

清世祖顺治二年（1645），改南京为江南省，旋即分为江苏、安徽两省；改应天府为江宁府，辖上元、江宁、句容、溧水、江浦、六合、

应天府境方括图（《金陵古今图考》）

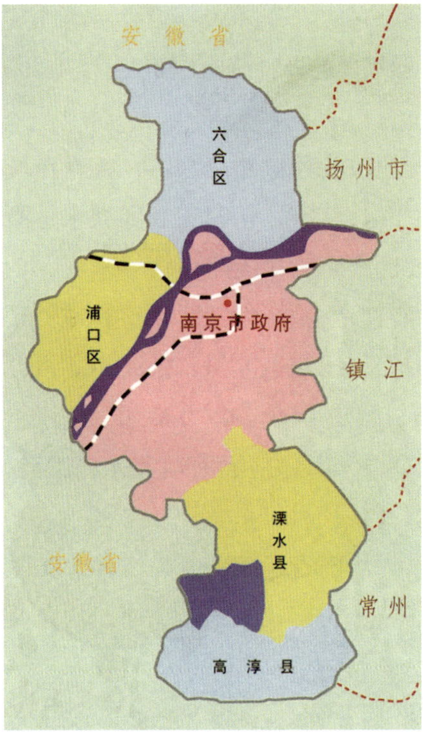

南京行政区划图（《南京市情概览》）

高淳七县。

民国元年（1912）1月1日，中华民国临时政府定都南京，同年4月，孙中山辞临时大总统职，袁世凯迁都北京。以建都之地为南京府。次年，撤南京府，置江宁县，为江苏省省会所在地。民国三年（1914），袁世凯设立金陵道，下辖江宁、句容、溧水、高淳、江浦、六合、丹徒、丹阳、金坛、溧阳、扬中11县。民国十六年（1927）4月，国民政府定都南京，南京市与江宁县分治，南京自此成直辖市一级行政区。

1949年4月23日南京解放后，仍为直辖市建制，由华东军政委员会领导。1952年12月改为省辖市，江苏省省会。

今天的南京，地域范围有广义和狭义之分。广义的南京地域，是指今天的南京行政区划范围，即玄武区、鼓楼区、秦淮区、建邺区、浦口区、六合区、栖霞区、雨花台区、江宁区、溧水区和高淳区11个市辖区，总面积6587平方公里；狭义的南京，指的是明城墙围合的今天南京的主城区，面积将近60平方公里。

从地理维度考察南京，我们不难发现，在历史上，南京或为一国之都，或为州治、郡治、府治和县治所在，地位载浮载沉，地域范围也因之变化频繁。范围最大的时期是汉末至唐朝初年，南京作为扬州刺史治所所在地，管辖范围涵盖了今天的江苏、安徽、江西、浙江、上海和福建等省及直辖市；管辖范围较小的时候是楚国金陵邑、秦汉秣陵县以及唐代归化县、金陵县、白下县、江宁县、上元县，南京作为一个县级行政建制，堪称弹丸之地。地域范围的盈缩变迁，造就了南京既不因循守旧而又随遇而安、既不画地为牢而又顺势而为的个性，而南京文化的包容性和兼容性正是这片沃土上生长出的绚丽之花朵。

今天，我们开展“南京学”研究，其范围应以今天的南京主城区为核心，以南京市辖行政区为重点，兼顾历史时期的南京辖境和今天的江南地域变迁。

2. 政治维度

据史念海先生统计，南京作为古都，前后定都时间共计450年，仅次于西安（1077年）、北京（903年）、洛阳（885年），名列中国古都排行榜的第四位[①]。

南京作为都城，政治在其发展过程中始终扮演着重要的角色。哈佛大学学者玛丽露丝·科勒曼在其所著《南京地方政治：1927—1937》一书中写道：“政治……多少世纪以来都是南京的主要‘产业’，是南京的悲哀。它的主要产品有围城、屠杀、劫掠、战火和残墟……这一点其他任何城市都无法比拟。”[②]在南京近2500年的建城史中，孙吴、东晋、刘宋、萧齐、梁、陈，先后以建康（孙吴时期称建业，东晋南朝称建康，今南京）为都，史称“六朝”，此后，南唐、明、太平天国、中华民国相继在南京定都。在定都南京的十个王朝和政权中，六朝、南唐和太平天国属于地区性的政权，明朝和中华民国属于全国性的政权。

六朝、南唐和太平天国虽然同为地区性政权，但是，它们在中国历史上的地位和对中国历史发展的贡献截然不同。

传统观念上，六朝是一个偏安王朝、短命王朝，或者用美籍华人学者黄仁宇的观点来说是一个汉人在江南建立的“流亡政府”[③]。正因为是汉人建立的政权，所以在当时就被看作是华夏正统。《宋书》卷61《武

---

① 史念海：《中国古都与文化》，中华书局1998年7月版。

② 转引自陆素洁主编：《民国的踪迹——南京民国建筑精华游》，中国旅游出版社2004年1月版。

③ 黄仁宇：《中国大历史》，生活·读书·新知三联书店2007年2月版。

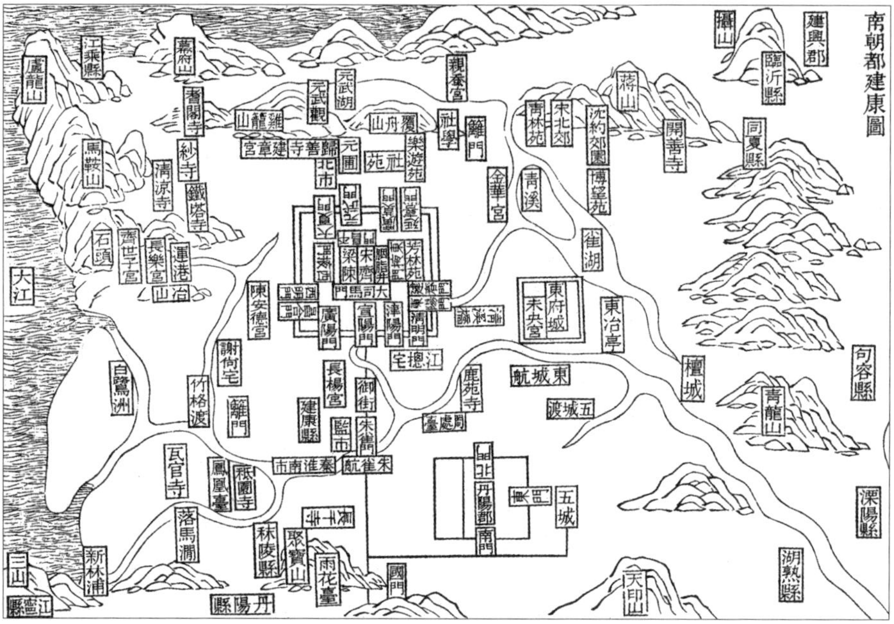

南朝都建康图（明朝陈沂《金陵古今图考》）

三王传》云：“高祖（指东晋大将刘裕）将还，三秦父老诣门流涕诉曰：‘残民不沾王化，于今百年矣。始睹衣冠，方仰圣泽。长安十陵，是公家坟墓，咸阳宫殿数千间，是公家屋宅，舍此而欲何之？’”隋灭陈后，隋文帝杨坚爱听“南朝旧乐”，称其为“华夏正声”[①]。南宋李焘《六朝通鉴博议》指出：“若夫东晋、宋、齐、梁、陈之君，虽居江南，中国也；五胡、元魏，虽处神州，夷狄也，其事又与孙、曹不同。”[②]六朝都城建康作为中华正朔所在，其兴衰起伏，直接关系到中华文明的盛衰。因此，确切地说，六朝是一个继汉开唐、存亡续绝的时代，是一个由分裂走向统一的时代。

南唐作为五代十国之一，是一个名副其实的短命王朝、偏安王朝。南唐政权以江宁（今南京）为中心，前后统治江淮地区将近40年之久。

①《隋书·音乐志》。

②（南宋）李焘：《六朝通鉴博议》，南京出版社2007年9月版。

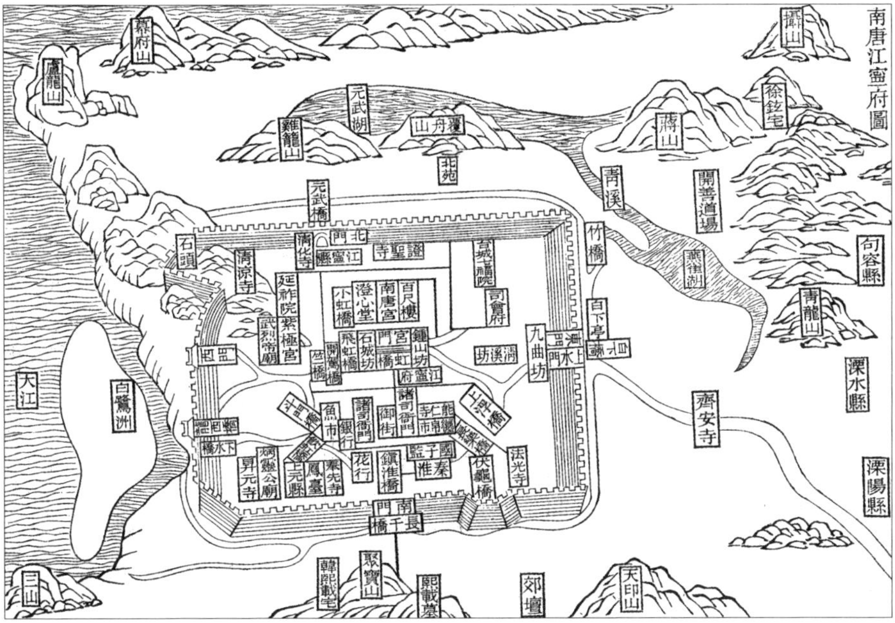

南唐江宁府图（《金陵古今图考》）

南唐全盛时期的地域包括江苏、安徽淮河以南、江西、湖南、湖北东部、福建，也就是说，我国中南部最富庶的地区大多属于南唐。在五代十国这样一个分裂动乱的时代，南唐的存在时间超过五代中的任何一个国家，也是十国中存在时间比较长久的一个国家。它不仅是我国南方地区的一个重要的地区性政权，而且是这一时期我国东南地区的政治、经济、文化中心。南唐政权对于中华文明的发展同样起到了积极的推动作用。

太平天国农民政权，自清朝咸丰三年（1853）定都天京（今南京），至同治三年（1864）天京沦陷，宣告失败，与清政府分庭抗礼达11年之久。太平天国军力曾经发展到数百万之众，势力遍及18省，攻克了600多座城镇。太平天国农民政权极大地动摇了清王朝的统治基础，加速了清王朝的灭亡。

明朝和中华民国是我国历史上定都南京的两个统一政权，与上述地区性政权相比，政治上的影响力不可同日而语。

1368年，明太祖朱元璋将应天府改称南京，并在南京称帝，建立

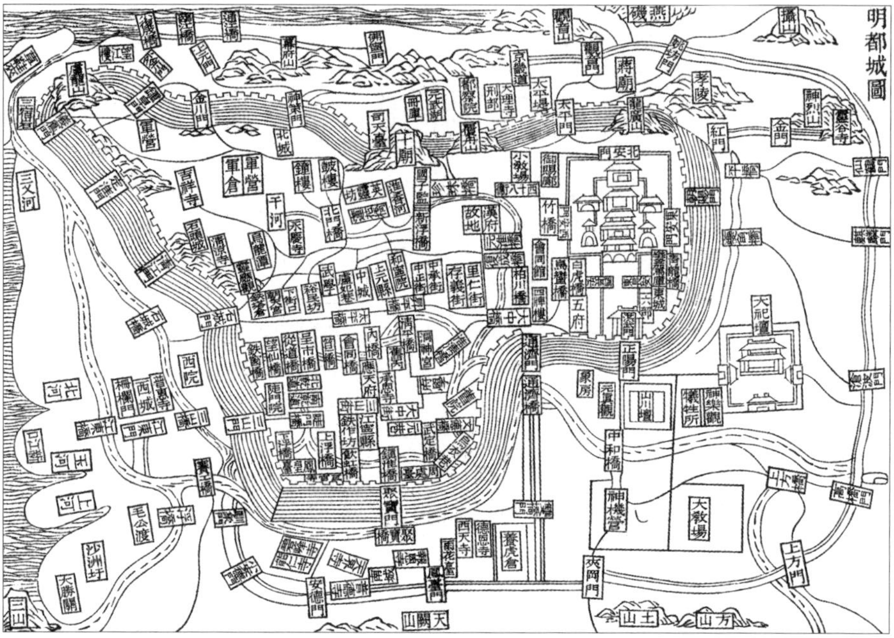

明都城图（《金陵古今图考》）

明朝，1378 年，朱元璋又将南京改为京师，这是南京也是江南地区第一次成为全国的政治、军事、经济、文化中心，时间达 53 年。1421 年，明成祖朱棣以“天子守国门”为由，迁都北京，此后 200 余年间，南京成为留都，又称南都、陪都，但府部犹存，仍然是南方地区的政治、军事、经济和文化中心。明朝 276 年间，南京不仅是一个地理概念，同时也是一个政治符号、经济符号、文化符号。据统计，在洪武朝的 31 年间，明朝政府先后 30 次派使节对周边 12 个国家进行访问，有 17 个国家的使节先后 135 次访问中国；永乐年间，有 60 个国家的使节先后 245 次访问中国[①]。明代南京对周边国家和地区的影响力既深且远。在此后相当长一段时间内，南京在日本就是中国的代名词，“南京町”成为“中华街”的代名词[②]。

---

① 王天有、高寿仙著：《明史：多重性格的时代》，中信出版集团有限公司 2017 年版。

② 秦岚：《一座城市的影子——前近代日本有关南京的记忆与想象》，《文史知识》2014 年第 5 期、第 6 期。

临时大总统孙中山

民国南京载浮载沉，既饱受战火的侵扰和蹂躏，又创造了一个又一个辉煌和奇迹，可谓集辉煌荣耀与酸楚泪水于一身，融动乱纷扰与典雅安宁于一体。其中，1912 年 1 月 1 日—4 月 1 日，孙中山在南京建立的中华民国临时政府，结束了我国 2000 多年的封建帝制，创建了我国历史上第一个资产阶级共和国——中华民国，颁布了中国第一部资产阶级宪法——《中华民国临时约法》。从此，“皇帝”一词成为历史的陈迹。孙中山在短短三个月的任职期间，在南京亲自发布了大量的通告，下令废除了许多封建陋习，也就是从那时起，中国男人留辫子、女人裹小脚的恶习得到根本改观，老爷、大人、奴才、小人等反映人身依附关系和社会等级制度的词语被扔进了历史的垃圾堆，流行数千年的跪拜礼也被鞠躬礼所取代，长袍马褂向中山装、西装等多元化服装过渡。

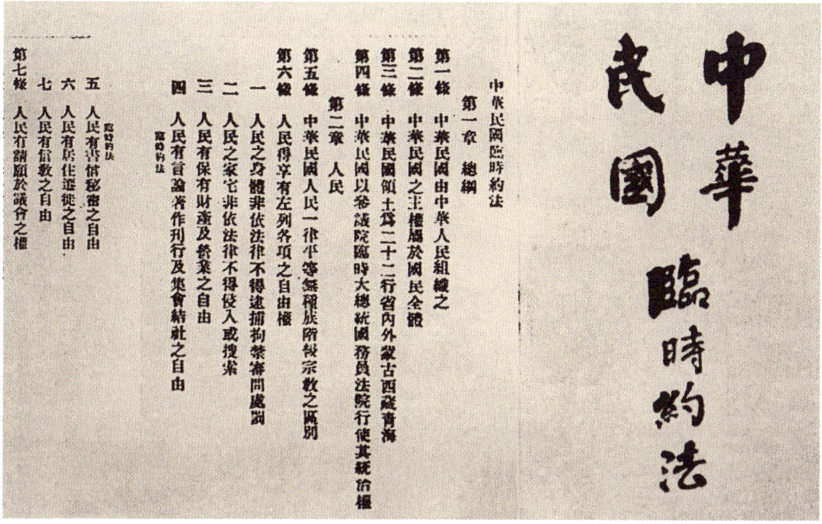
中華民國臨時約法

中華民國臨時約法

第一章 總綱

第一條 中華民國由中華人民組織之

第二條 中華民國之主權屬於國民全體

第三條 中華民國領土為二十二行省內外蒙古西藏青海

第四條 中華民國以參議院臨時大總統國務員法院行使其統治權

第二章 人民

第五條 中華民國人民一律平等無種族階級宗教之區別

第六條 人民得享有左列各項之自由權

一 人民之身體非依法律不得逮捕拘禁審問處罰

二 人民之家宅非依法律不得侵入或搜索

三 人民有保有財產及營業之自由

四 人民有言論著作刊行及集會結社之自由

臨時約法

臨時約法

五 人民有書信秘密之自由

六 人民有居住遷徙之自由

七 人民有信教之自由

第七條 人民有請願於議會之權

《中华民国临时约法》

1927 年 4 月 18 日，蒋介石在南京建立国民政府，南京时隔 15 年后再一次成为民国的首都。为了巩固国民党的统治地位，提升首都南京的影响力，当时在全国各省都有以“南京”命名的街道。1931—1945 年日本发动侵华战争，改变了中国历史的发展方向，也改变了南京的发展进程。1937 年 12 月 13 日南京沦陷，使得民国首都南京成为中国人的屈辱之地。经过中国人民艰苦卓绝的 14 年抗战，至 1945 年 8 月 15 日，日本宣布无条件投降。1945 年 9 月 9 日上午 9 时中国战区日本投降签字典礼在南京中国陆军总司令部大礼堂举行，日军在南京签订投降书，南京成为英雄之城、胜利之都。

南京不仅仅是作为都城而存在，在非建都的 2000 多年里，南京因其“江南佳丽地”的独特江山形胜，或为王侯封国，或为帝国陪都，或为龙兴之地，或为封疆大吏的治所，如秦汉秣陵县、北宋江宁府、南宋建康府、元代集庆路、清代江宁府等，均是江南地区政治、经济、军事、文化重镇，北宋张耒《怀金陵》中的“芰荷声里孤舟雨，卧入江南第一州”，可谓对南京“非都”时期地位的真实写照。

1945 年 9 月 9 日上午 9 时中国战区日本投降签字典礼现场

《南京条约》签约场景

南京无论是在定都的450年，还是“非都”的2000余年，在历史上的紧要关头，每每首当其冲，忍辱负重，挺身而出。尤其是1840—1949年的百年多以来，南京作为东南地区乃至全国政治、经济、军事、文化中心，在内战不休和外敌入侵时，饱受战火的蹂躏，抢劫、强奸、屠城、废墟乃至城下之盟在这座城市屡屡上演。最显著的事例，一是1842年清政府被迫在南京下关江面与英军签订丧权辱国的中英《南京条约》，中国从此沦为半殖民地半封建社会；二是1937年侵华日军在南京制造的惨绝人寰的南京大屠杀事件，30万无辜同胞被日军杀害。余秋雨在《五城记》写道：“历代古都多得很，哪像南京，直到现代还一会儿被外寇血洗全城，一会儿在炮火中作历史性永诀，一次次搞得地覆天翻？”[①] 我们同时也不应该忘记，南京更是一座伟大的城市。最典型的事例，一是

日军炮轰中华门

① 余秋雨：《五城记》，载《文化苦旅》，知识出版社1992年版。

1912年孙中山先生在南京建立中华民国，结束我国2000多年的封建帝制；二是1949年4月23日，中国人民解放军占领南京，标志着蒋家王朝的覆灭和一个新时代的来临。

从政治维度考察南京，我们可以发现，自古至今，南京与中国的命运紧密相连。南京兴，则中国兴；南京衰，则中国衰[①]。纵观中国历史，南京在中华民族危亡的紧急关头，坚忍不拔，常常忍辱负重，成为中华文明的避难所，荷载起传薪播火的重任，从而使中华文明绵延不绝。南京以其自身扮演的独特角色，为中华民族谱写了辉煌壮丽的篇章。

今天，我们开展“南京学”研究，就是要充分认识到南京在政治上兴衰起伏的内因，及其对中华文明发展进程乃至发展高度、深度、广度和厚度的影响。

3. 文化维度

城市是文化的载体，文化是城市的灵魂。美国著名城市理论家刘易斯·芒福德在《城市发展史——起源、演变和前景》“中文版序”中写道：“贮存文化、流传文化和创造文化，这大约就是城市的三个基本使命了。”[②]南京通江达海、南北交汇，各种文化在这里交流、交融和交锋。不同的时代，造就了各具特色的文化。经过千百年的积淀，南京文化已经成为中华文化的一个重要组成部分。

南京在十朝建都的450年左右时间里（除了太平天国政权定都南京的11年外），因其“金陵帝王州”的至高无上地位，引领时尚，指点江山，海纳百川，创新发展，义不容辞地承载起积累文化、传播文化、创造文化的重任，责无旁贷地成为中华文明的中心。

六朝320余年，尽管是地区性政权，然而在历史的大动荡时期，义无反顾地承载起传薪播火、救亡图存的角色，都城建康成为中华传统文化的中心。六朝的文学、艺术、史学、宗教、科技超迈前人，独领风骚，

---

①叶皓：《重读南京》，南京出版社2011年版。

②（美）刘易斯·芒福德著，宋俊岭等译：《城市发展史——起源、演变和前景》，中国建筑工业出版社2005年版。

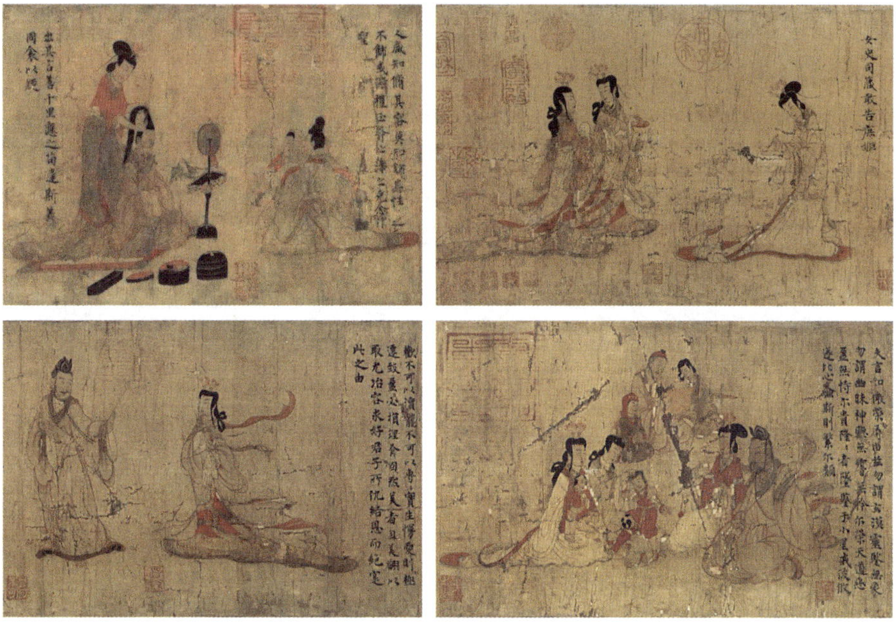

顾恺之《女史箴图》局部（唐摹本，大英博物馆藏）

第一次使南方地区成为中国文化的高原，涌现了《兰亭序》《女史箴图》《洛神赋图》《后汉书》《宋书》《弘明集》《昭明文选》以及“竹林七贤和荣启期”砖拼壁画等一座又一座文化高峰，制订了作文（《文心雕龙》）、写诗（《诗品》）、绘画（《画品》）》等一个又一个国家标准。范文澜先生称：“军事上是北朝战胜南朝，文化上却是南朝战胜北朝。”①

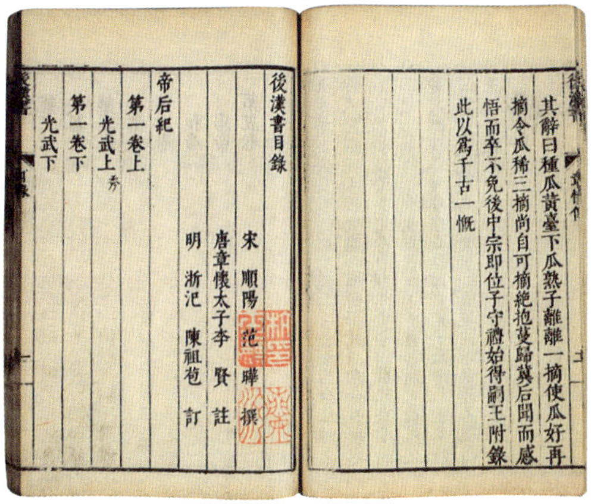
後漢書目錄
宋　順陽　范曄　撰
唐章懷太子李賢註
明　浙汜　陳祖苞　訂
帝后紀
第一卷上
光武上
第一卷下
光武下

其辭曰種瓜黃臺下瓜熟子離離一摘使瓜好再摘令瓜稀三摘尚自可摘絕抱蔓歸奠后聞而感悟而卒不免後中宗即位子守禮始得嗣王附錄
此以爲千古一慨

《后汉书》书影

南唐立都江宁（今南京）头尾40年，是五代十国时期

① 范文澜：《中国通史简编》（修订本第二编），人民出版社1964年版。

王齐翰《勘书图》（南京大学博物馆藏）

南方地区的一个重要国家，政治上无足称道，但是，文化上可圈可点。国学大师钱穆称赞南唐文物“尤为一时之冠”[①]。其诗词书画独步天下，开创了一代文学之风。诗词以中主李璟、后主李煜造诣最深，李煜被称为“千古词帝”。王国维曾评价其词道：“词至李后主而眼界始大，感慨遂深，遂变伶工之词而为士大夫之词。”[②]南唐书画则以宫廷画家顾闳中《韩熙载夜宴图》、王齐翰《勘书图》等享有盛名。在五代十国纷争中，南唐成为传承中国传统文化的中心。

《南唐二主词》书影

明朝时期，南京第一次成为大一统王朝的都城。在定都南京的53年里，南京文化的成就达到了封建社会的顶峰，树立了一个又一个国家级的标杆。我国古代辑录最为广博、内容最为丰富的大型类书《永乐大典》，就是在南京编纂的。全书正文22877卷，凡例和目录60卷，装成11095册，总字数约3.7亿字。书中保

① 钱穆：《国史大纲》第五编《黑暗时代之大动摇》，商务印书馆1996年版。
② 王国维：《人间词话》，人民文学出版社1960年版。

明故宫遗址

明孝陵

存了中国上自先秦、下迄明初的各种典籍资料达8000余种，是中国古代最大的百科全书。300年后清代乾隆年间编纂的《四库全书》就是直接受到《永乐大典》的影响①。尤其值得称道的是，明代南京的城市建设和陵墓营造对同时代及清代城市建设和陵墓营造的影响。明朝南京城由内到外的四重城墙构造，不仅体现了南京至高无上的国都地位，而且在中外都城建设史上也是一个创举。南京明城墙不仅成为全国城墙的典范，而且南京明故宫也成为北京紫禁城的蓝本②。明孝陵陵寝制度承前启后，独创新规，为以后500多年的明清两代帝陵所沿用，在中国古代帝陵制度史上具有里程碑式的地位。2003年7月3日，明孝陵被联合国教科文组织列为“世界文化遗产”。

中华民国历时38年，南京作为首都历时22年，其中1927—1937是其黄金时代，俗称“黄金十年”。民国时期的南京文化，主要亮点体现在城市规划、科技教育等方面。其中，为将首都南京打造成世界一流大都市，聘请美国建筑师墨菲和古力治编制的《首都计划》，使南京成为我国历史上第一座运用西方都市的现代功能、技术，采样棋盘街和放射状规划模式，进行分区规划的城市。这一时期，南京涌现出了一批现代化的科研机构和院校，如中央研究院、紫金山天文台、北极阁气象台、

① 周晓聪：《〈永乐大典〉与〈四库全书〉编纂的比较》，《天水师范学院学报》2006年第1期。

② 朱明娥：《旷世城垣——南京明城墙》，南京出版社2018年版。

《闲情偶寄·笠翁对韵》书影

《随园诗话》书影

中央博物院筹备处、中央大学、中央医院，同时在南京城内，兴建了大量的民国建筑，它们无不深深地受到西方文化的影响。

除了上述六朝、南唐、明初和民国定都南京，接二连三地创造南京文化的辉煌之外，在清代200余年间，南京文化在守正中再创辉煌。李渔《笠翁传奇十种》、孔尚任《桃花扇》、王概等《芥子园画谱》、袁枚《随园诗话》、吴敬梓《儒林外史》、曹雪芹《红楼梦》等，堪称南京传世名著乃至中华文化宝库中的杰作。以龚贤为代表的“金陵八家”的绘画作品名闻遐迩。谭嗣同在南京撰写的《仁学》，被邹容称为“维新运动的《圣经》”。杨仁山在南京创立金陵刻经处，搜集中国失传的佛典经疏300多种，择要刻印了3000多卷，使三论宗、唯识宗、华严宗等重要佛教宗派的教义重新昌明。洋务运动时期，“西学东渐”以模仿西方兵工及学习科技文化为特征，在南京创办了金陵机器制造局等兵工企业，并兴办了江南水师学堂、陆师学堂等军事学堂，促进了我国军事文化的近代化进程。维新变法时期至清末，南京的“西学东渐”以大量输入法律、政治等人文科学，改革文化教育制度为特征，兴办了金陵大学堂、金陵女子大学等培养新式人才的教会学校。

从文化维度考察南京，我们可以发现，南京文化文脉悠长，绵延不绝。南京文化屡次成为中国文化的高原，涌现出一座又一座文化高峰，留下了一大批脍炙人口的传世名著，开创了文学、艺术、史学、宗教、科技、教育多方面的先河。

今天，我们开展“南京学”研究，就是要深入挖掘南京文化作为“天下文枢”的特殊地位和价值，全面阐述南京文化所蕴含的中华核心思想理念、传统美德和人文精神，进而发扬光大。

（四）开展“南京学”研究的具体举措

“南京学”研究是一项系统工程，需要整合社会各界力量，持之以恒，方能达到预期的效果。具体措施如下：

1. 建立“南京学”研究院

研究院可以由政府部门牵头成立，也可以依托南京地区的某个高校设立。构成人员应当包括自然科学、社会科学和人文科学方面的专家学者，不仅要有国内的知名学者，而且还要吸纳国外的学者参加。研究院要有固定的编制、固定的人员、固定的经费、固定的办公地点，研究院统筹指导“南京学”研究工作，整合资源和力量制订新时代“南京学”研究规划，组织实施重点重大项目。只有设立独立的研究院，有计划地组织多学科、多部门、跨地区、跨领域、跨国界的专家学者共同参与，才能真正做到从全球化视野中全面、系统、深入地研究“南京学”，推动南京文化的研究向更深层次、更高高度、更广范围拓展。

2. 成立中国城市学研究联盟

“南京学”研究不仅要有家国情怀，更要有全球视野。为了借鉴国内外相关城市的研究成果和研究经验，加强国内外城市间的学术交流互鉴，可以考虑牵头成立中国城市学研究联盟，将已经开展或正在开展城市学研究的相关城市如西安、洛阳、北京、杭州、广州乃至国外的相关城市等联合起来，定期举行全方位的交流合作。

2019年12月29日首届“南京学”研讨会

文都书店揭牌仪式暨“南京学”论坛

3. 设立“南京学”专家智库

俗话说：三个臭皮匠，顶一个诸葛亮。开展“南京学”研究，专家智库必不可少。该智库主要由国内外有影响、有成果，学界和社会普遍认可，理论与实践方面成绩突出的多学科专家组成，为“南京学”研究提供人才储备和智力支持。

4. 举办“南京学”学术研讨会

“南京学”研究要在全国叫得响，在全球站得住，在国内外学术界产生持久的影响力，举办国际、国内学术研讨会无疑是最佳选择。南京每年可以组织一场“南京学”国际或国内学术研讨会，邀请国内外知名学者共同就“南京学”的研究进行研讨。

5. 出版“南京学”研究书刊

“南京学”作为一门新兴学科，全媒体的宣传推广是必然的选择。就传统媒介而言，可以考虑创办“南京学”集刊，作为这一领域的核心期刊，刊登相关论文、信息，从不定期过渡到定期出版。同时，策划出版“南京学”系列丛书，精选前人成果，汇集学界现有成果，分成自然、社会和人文三大系列，予以出版。新媒体方面，设立“南京学”网

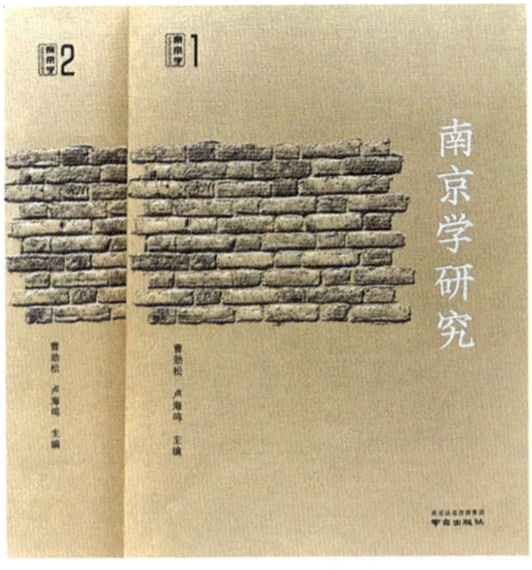

《南京学研究》书影

站，开通“南京学”微信平台等，适时将相关信息发布传播出去。

6. 培植“南京学”研究人才

多年来，从事南京文化研究的人员一直比较少，有后继乏人之虞。就目前从事南京文化的研究人员来看，从事微观研究的学者较多，从事宏观研究的学者较少；从事专门学科研究的较多，从事中外比较研究的较少；从事社会科学和人文科学研究的学者较多，从事自然科学研究的学者较少。

“南京学”作为一门刚刚诞生的学科，培养后备人才迫在眉睫。一方面，我们要制订切实可行的人才培养计划，从高校和科研院所选拔一批学有专攻并有志于从事“南京学”研究的人才；另一方面，每年就“南京学”研究方向面向全社会发布研究课题，有针对性地引导、培植和网罗国内外学者从事“南京学”研究，从经费上给予保障，从而更好地推动“南京学”研究的开展。

7. 设立“南京学”研究基金

“南京学”研究是一项长期的、复杂的、系统的工程，需要投入一定的人力、物力和财力。政府部门的扶持固然必不可少，但是，仅仅依

迎接建党一百年主题出版暨“南京学”专家研讨会

赖政府显然是不够的，我们需要运用产业思维，动员社会资本，来共同推动“南京学”研究的持续不断开展。

总之，在全球化视野下，在建设“创新名城、美丽古都”的进程中，有计划、分步骤地开展“南京学”研究，对于我们全面、系统、深入整理研究金陵文脉，传承弘扬南京优秀历史文化，培育富有家国情怀的公民，讲好中国故事中的南京篇章，具有不可估量的历史意义和现实意义。

二、弘扬崇文尚读传统

中华文明是四大文明古国中唯一没有间断的文明。德国哲学家黑格尔称：“只有黄河、长江流过的那个中华帝国是世界上唯一持久的国家，征服无从影响这样一个帝国[①]。”中华 5000 年文明绵延不绝的重要载体就是书籍，而读书是承继文化的重要方式。人类最重要的知识、最伟大的智慧，就深藏在最伟大的书里。英国哲学家卡尔·波普尔曾经说道：“即便人类面临灭顶之灾，只要图书馆里的书籍保存完好，人类就可以重建自己的文明，自己的精神家园。”意思是，阅读对人类来说是传承文明、增强精神力量一个非常重要的路径，这种文明的传承其实是通过跨越时空的生命之间的彼此映照实现的。习近平总书记指出：“读书可以让人保持思想活力，让人得到智慧启发，让人滋养浩然之气。”文运与国运相牵，文脉同国脉相连。五千年来，一代又一代中华儿女，崇尚传统文化，注重阅读经典，在成就自身人生和事业辉煌的同时，为延续中华文脉、传承文化基因做出了不可磨灭的贡献。

南京享有“天下文枢”“文学之都”之誉，拥有厚重的文化底蕴和书香文脉。南京人历来崇尚读书，在历史上，涌现了许许多多的读书人，留下了众多与崇文尚读有关的名胜古迹和文化典籍。唐朝杜佑《通典》盛赞南京：“永嘉之后，帝室东迁，衣冠避难，多所萃止，艺文儒术，

① 黑格尔：《历史哲学》，上海书店出版社 1999 年版。

夫子庙“天下文枢”牌坊旧影

斯之为盛。今虽闾阎贱隶，处力役之际吟咏不辍，盖因颜、谢、徐、庾之风扇焉。”清朝浦起龙《史通通释》云：“自咸、洛不守，龟鼎南迁，江左为礼乐之乡，金陵实图书之府，故其俗犹能语存规检，言喜风流，颠沛造次，不忘经籍。”清代文人余怀亦云：“衣冠文物盛于江南，文采风流甲于海内。”[①] 当代著名学者吴新雷《金陵书香盈邑》“序”称：“南京是名著全国、声闻世界的文化名城，历来为书香盈邑、书香盈耳之地。”[②]

南京人的崇文尚读传统体现在读书、著书、藏书和刻书等多个方面。

读书方面，南京曾经有众多名人读书遗址和遗迹，如溧水境内有纪念东汉文学家蔡邕的“伯喈读书台”，南京城区的越城之西有纪念西晋文学家陆机、陆云的“二陆读书台”，城南赤石矶侧老虎头有纪念晋朝大将周处的“子隐堂”（又称“周孝侯读书台”），朝天宫有纪念晋朝隐士郭文举的“郭文举读书台”，江宁湖熟有纪念梁代昭明太子的“东

① 余怀：《板桥杂记》，南京出版社 2006 年版。
② 徐雁、谭华军著：《南京的书香》，南京出版社 1996 年版。

萧统

王安石

湖读书台”，紫金山北高峰太子岩又名“昭明太子读书台”，溧水无想山有纪念南唐名臣韩熙载的“韩熙载读书台”，钟山定林寺有纪念北宋改革家王安石的“王荆公书堂”（又名“昭文斋”），清凉山一拂清忠祠的前身，相传是北宋官员郑侠读书处，狮子窟相传是明代大书法家董其昌读书处，陶谷来兹庵相传是清代桐城派文人方苞读书处，等等。

著书方面，历代文人在南京留下的著述种类繁多，体裁丰富，门类齐全，内容涉及方志、历史、文学、诗歌、科技、宗教等多方面，其中许多作品都是中华优秀传统文化的代表作和开山之作。如六朝时期，葛洪《抱朴子》、僧祐《弘明集》、法显《佛国记》、刘义庆《世说新语》、萧统《昭明文选》、刘勰《文心雕龙》、沈约《宋书》、萧子显《南齐书》、钟嵘《诗品》、谢赫《画品》；唐宋元时期，许嵩《建康实录》、周应合《景定建康志》、张敦颐《六朝事迹编类》、张铉《至正金陵新志》；明代礼部《洪武京城图志》、解缙等《永乐大典》、茅元仪《武备志》、顾起元《客座赘语》、胡正言《十竹斋书画谱》；清代吴敬梓《儒林外史》、袁枚《随园诗话》、金鳌《金陵待征录》、陈作霖《金陵琐志五种》，民国王焕镳《首都志》、谭嗣同《仁学》等等。

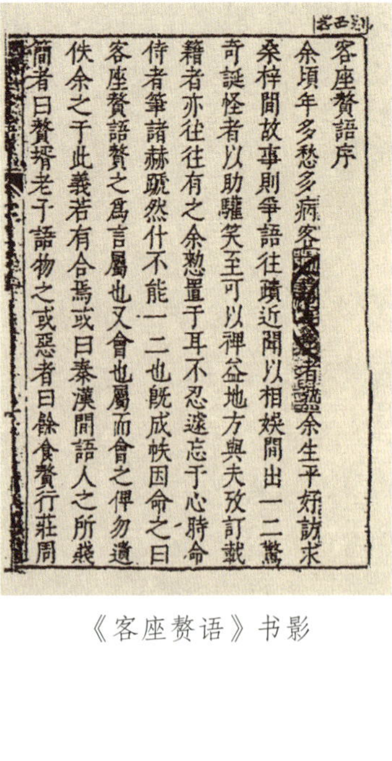
客座贅語序
余頃年多愁多病客……余生平好訪求
桑梓間故事則爭語往蹟近聞以相娛間出一二驚
奇詭怪者以助驩笑至可以裨益地方與夫致討載
籍者亦往往有之余懃置于耳不忍遽忘于心時命
侍者筆諸赫蹏然什不能一二也既成帙因命之曰
客座贅語贅之爲言屬也又會也屬而會之俾勿遺
佚余之于此義若有合焉或曰秦漢間語人之所棄
簡者曰贅壻老子語物之或惡者曰餘食贅行莊周

《客座赘语》书影

藏书方面，自六朝以来绵延不绝。如，梁朝任昉，“家虽贫，聚书至万余卷，

江南图书馆旧影

国立中央图书馆阅览室旧影

率多异本”①。南唐徐锴，史称“江南藏书之盛，为天下冠，锴力居多”②。明代官方藏书楼文渊阁，史载：“秘阁书籍皆藏宋元所遗，无不精美”③；私家藏书也毫不逊色。焦竑的澹园，“藏书两楼，五楹俱满”④，藏书之多，为南京第一；顾璘“息园”、盛时泰“苍润轩”、姚汝循“锦石山斋”、茅元仪“瘖园”、顾起元“遯园”、丁雄飞“心太平庵”均收藏有大量的典籍。清代南京的藏书家和藏书楼更是争芳斗艳，如黄虞稷的千顷堂（又称“千顷斋”）藏书达八万多卷，“藏书甲于金陵”⑤；袁枚的随园“所好轩”和“书仓”中，藏书有三十万卷；朱绪曾的“开有益斋”和甘熙家族“津逮楼”，藏书均超过十万余卷；周亮工的“赖古堂”、曹雪芹祖父曹寅的“楝亭”、孙星衍五松园孙氏祠堂、汪士铎的“砖丘室”等，藏书也颇为丰富。此外，清末民国的江南图书馆、泽存书库、中央图书馆、东南大学孟芳图书馆不仅藏书丰富，而且收藏有大量的珍贵文献典籍。

刻书方面，自明代开始，南京成为我国出版业的中心之一。史称：“吴会、金陵，擅名文献，刻本至多，巨帙类书，咸荟萃焉。……余所见当今刻本，苏、常为上，金陵次之，杭又次之。……今海内书，凡聚

①《梁书》卷14《任昉传》。
②《南唐书》卷2《徐锴传》。
③《明史·艺文志》序。
④（明）祁承㸁：《澹生堂藏书训》。
⑤（明）丁雄飞：《古欢社约》。

《芥子园画传》书影

之地有四：燕市也，金陵也，阊阖也，临安也。”[①] 明朝胡正言创办的十竹斋，采用饾版、拱花等多种印刷技术，使中国古代的版画艺术和印刷技巧达到前所未有的高度，现存的《十竹斋书画谱》是我国历史上彩色印刷及版画艺术的经典作品。明代李时珍《本草纲目》、吴承恩《西游记》、冯梦龙《警世通言》均初刻于南京。清代李渔的芥子园刊刻了许多文献典籍，其中《芥子园画谱》又名《芥子园画传》，堪称是初学绘画者的宝典。清代杨仁山创办的金陵刻经处，广泛搜罗海内外佛教典籍，并将其付梓刊行，为我国佛教的中兴做出了杰出贡献，至今仍在发挥着积极的作用。

新时代如何传承弘扬南京崇文尚读传统，延续南京的书香和文脉，用阅读的力量构筑城市的精神高地？我们认为，首先要在普及上下功夫，具体路径如下：

（一）弘扬“读好书，好读书，读书好”的价值观

有什么样的思想就会有什么样的行为和习惯，有什么样的行为和习惯就会有什么样的性格，有什么样的性格就会有什么样的命运。如今，“万般皆下品，唯有读书高”的时代已经一去不复返了，但是崇尚读好书、好读书、读书好的价值观则永远不会过时。

1949 年新中国成立以来，中华儿女走过了一段艰难曲折的路程。先是 20 世纪 50 年代末的“大跃进”，然后是三年经济困难时期。1966—1976 年又是“文化大革命”，知识青年上山下乡。在这样的大环境下，全国人民或忙于“抓革命，促生产”，或忙于“阶级斗争”，

①（明）胡应麟：《少室山房笔丛》卷 4，上海书店出版社 2009 年版。

不仅图书十分稀缺，而且读书得不到应有的尊重和推崇，因此，南京人崇文尚读传统受到严重的冲击。

1978 年改革开放后，南京人和全国人民一样，求知若渴，焕发出极大的读书热情，学校、工厂、农村、科研院所，到处可见人们读书的身影。据 2013 年南京大学信息管理学院许琳瑶硕士的论文《从“振兴中华”读书活动到全面阅读推广工作：1988—2012》介绍，改革开放以来，我国的大众阅读情况可以分为三个时期，分别为知识补给型阅读时期（1994—1989）、知识给养型阅读时期（1989—1994）和多元化视野阅读时期（1994—2012）。近年来，随着我国经济的腾飞和世界科技的高速发展，人们的阅读习惯也在迅速地改变。一方面，铁路、公路、火车、汽车、高铁、飞机，为人们提供了出行便利，使人口的流动性大大增加；另一方面，电话、电视、广播，尤其是互联网技术的普及和电脑、手机等移动智能终端的推广，在为人们带来许多新奇事物的同时，也将人们的时间分割得七零八落，使得“碎片化”阅读成为人们主要的阅读方式，以音频为载体的“听书”正形成全新的阅读潮流，导致人们无法静下心来阅读和思考。在快速变革的现代社会中，人们的生活节奏变得越来越快，这使得人们越来越远离阅读，不仅我国的国民阅读率下降，全世界许多国家也出现同样的现象。一座城市的现代化和一个国家的现代化一样，它的全面进步最终要落实到作为主体的人的全面发展上。城市的现代化，说到底是人的现代化和人的全面发展。诚如美国民权运动领袖马丁·路德·金所言：“一个国家的前途，不取决于它的国库之殷实，不取决于它的城堡之坚固，也不取决于它的公共设施之华丽，而在于它的公民的文明素养，即在于人们所受的教育、人们的远见卓识和品格的高下。”

全面提高南京人的文明素养，促进南京人的全面发展，进而提高整个城市的文明程度，延续金陵文脉，关键是读书。北宋文学家欧阳修云：“立身以立学为先，立学以读书为本。”用今天的话来说，就是修养品行要从学习开始，学习以读书为根本。对于一个城市而言，一个书香充盈的城市才能成为美丽的精神家园。南京在建设学习型城市的过程中，除了要为市民的全面发展提供良好的物质、社会和文化条件外，还必须要弘扬“读好书，好读书，读书好”（冰心语）的价值观，鼓励人们“读好书”——读经典名著，“好读书”——爱读书，并以读书为乐，以读书为荣，“读书好”——形成“人人都是阅读者，人人都是传承者，人人都是弘扬者”的文化氛围，让人们时时接受文化熏陶，处处感知文化魅力，增强对南京中华优秀传统文化的认同感、自豪感，自觉成为南京中华优秀传统文化的传承者、弘扬者。

（二）建立“书香南京”全民阅读体系

南京的文化资源、教育资源位居全国前列。多年来，南京市委、市政府坚持面向基层、面向群众，广泛开展全民阅读活动。特别是近年来，南京市深入贯彻中央和省关于促进全民阅读的决策部署，围绕“书香南京”建设，加强组织领导，健全工作机制，提供阅读保障，扩大阅读阵地，营造阅读氛围。2013—2020 年，南京市居民综合阅读率连续 8 年位居全省第一；2017 年 3 月，南京市被评为首批“江苏省书香城市建设示范市”，江宁区被评为“江苏省书香城市建设示范区”；2019 年 3 月，建邺区被评为“江苏省第二批书香城市建设示范区”；2019 年、2020 年南京市连续两年被评为全国十佳数字阅读城市。

在此基础上，建立“书香南京”全民阅读体系，让南京优秀历史文化的传承弘扬，不再是少数人的“专利”，而是全社会的“福利”。每一个南京人，作为“书香南京”全民阅读活动的一分子，都有责任和义务充当好南京优秀历史文化传承者和弘扬者的角色。

通过一系列实地调研和参与，我们认为，“书香南京”全民阅读体系应该由书香校园、书香家庭和书香社会三个方面构成。这三者互为补充、互相依赖、互相促进，缺一不可。

1.“书香家庭”建设是基础

“贫者因书而富，富者因书而贵。”我国历代就有“耕读传家久，诗书继世长”的人文观念。“书香门第”一直受到全社会的尊重。2015年春节前，习近平总书记在春节团拜会上说：“家庭是社会的基本细胞，是人生的第一所学校。不论时代发生多大变化，不论生活格局发生多大变化，我们都要重视家庭建设，注重家庭、注重家教、注重家风。”在当代，要让南京优秀历史文化“飞入寻常百姓家”，开展学习型家庭评选活动是一个捷径。

继2013年江苏省、2014年全国陆续开展“书香之家”评选活动后，2015年，南京市开展了“书香之家”评选活动。经过家庭自荐、群众推荐和单位举荐等方式，南京市妇女联合会和南京市全民阅读领导小组办公室最终评选出欧宁波家庭等41户家庭为南京市“书香家庭”。在41户家庭中，徐亚莲、戴榉和王翔3户家庭获得全国“书香之家”称号，7户家庭获得江苏省“书香之家”称号。“书香之家”的评选和表彰，对于弘扬社会主义核心价值观，营造“读书家庭化，学习经常化”的良好氛围，让千家万户以书为友，与知识同行，用读书浸润心灵，让读书成为永久的习惯，具有良好的示范作用。

2021年5月23日南京市全民阅读办公室启动“南京市红色经典阅读活动”

“金陵藏书家”评选也是“书香家庭”建设的一个重要方面。随着互联网的普及，“电纸书”与纸质书从分庭抗礼到并驾齐驱，为人们居家出行的阅读活动提供了选择的空间。手机、PC、IPAD、KINDLE等移动终端固然为读者提供方便快捷的“电纸书”的阅读，但是纸质书弥漫出的书香气和柔滑感仍然是人们的最爱。传承南京的书香文脉，弘扬南京优秀历史文化，离不开“金陵藏书家”评选活动的开展。

自1989年开始，在南京曾经先后举办过五次较有影响的藏书大赛，即1989年南京市四家单位联合举办的“金陵个人藏书状元大赛”，1996年南京举办的“状元杯”个人藏书大赛，2002年首届江苏“新华书缘杯”十大藏书家评选活动，2004年南京举办的首届“新华杯”金陵藏书状元大赛，以及2007年南京图书馆举办的“十大江苏藏书家”评选活动，产生了艾煊、叶至诚、周瑞玉、薛冰、徐雁等一批藏书家，产生了良好的社会反响①。然而，随着时间的推移，这项活动戛然而止。我们建议，在当前全民阅读活动如火如荼开展的大背景下，恢复“金陵藏书家”的评选活动，对于继承和发扬私人藏书优秀传统，传承和弘扬中华优秀传统文化，构建“书香家庭”，实现“小康社会”的目标，具有重要的现实意义。

诚如中国阅读学研究会会长、南京大学教授徐雁所言：“在当今信息时代，一定要在价值观上，把人文经典类纸本读物与网络阅读方式和谐协调起来。而对于一个以‘学习型家庭’为追求的‘小康之家’来说，则在‘数字化空间’之外，营造一个‘雨余窗竹琴书润，风过瓶梅笔砚香’的传统文化空间，应该成为题中应有之义——一个良善之家，除了要有‘机房’，还应该认真布置好四壁琳琅的‘书房’，其中既要有基本的常备书，也要有些字画、有点文玩等中国传统文化元素，因为这正

① 浦清莲:《“贫者因书而富，富者因书而贵”——江苏当代藏书家评选活动扫描》，《新世纪图书馆》2008年第3期。

是一个家庭培育自家‘读书种子’的人文沃土。”[①]

2.“书香校园”建设是关键

传承和弘扬南京优秀历史文化，要从娃娃抓起，对少儿阅读习惯的培养是基础。苏联教育理论家、教育实践家苏霍姆林斯基曾经说过：“一种热爱书、尊重书、崇拜书的气氛，乃是学校和教育工作的实质所在。”“只有能够激发学生去进行自我教育的教育，才是真正的教育。”因此，打造书香校园，推进学习型校园的建设与发展，显得尤为重要。

书香校园的打造，首先离不开阅读基础设施的建设。在校园里，可以采取图书馆、图书廊、图书角、开放式小书吧、自动图书售卖机等相结合的形式，让学生时时见到承载南京优秀历史文化的图书，处处闻到南京优秀历史文化的书香。

其次，书香校园打造，离不开生动的课程设置。自由阅读与定时阅读相结合，课内阅读与课外阅读相结合，阅读与分享、点评、讨论相结

2021年5月23日著名作家何建明先生在南京艺术学院分享《百年党史青春热血》专题讲座

① 徐雁：《“耕读传家躬行久，诗书继世雅韵长”——家庭书香与“读书种子”》，http://www.360doc.com/content/16/0215/01/28833735_534665261.shtml。

合，阅读与写作相结合，最大限度地调动学生们的积极性和主动性，开发与保护学生们的想象力，提升学生们的理解力和创造力。在课程教学中，可以采取植入式的方法，将南京优秀历史文化融入课程教学中，就像春雨一般随风入夜，润物无声，让过去单纯传授知识的课堂，变成净化心灵、塑造品格的课堂。

再次，书香校园打造，离不开丰富多彩的课内外活动。在学校里，设置每年一度的读书节，创办富有特色的读书会，举办学生自由换购图书的“跳蚤书市”，等等，让学生参与其中，培养读书的兴趣，分享读书的体会。尤其应当引起我们重视的是，要通过开展各种形式的亲子阅读活动，让广大少年儿童从小养成阅读的习惯，掌握阅读的方法，体会到阅读的乐趣。

3.“书香社会”建设是核心

2014年至2020年，全民阅读7次被写入中央的《政府工作报告》，倡导全民阅读成为一项基本民生工程。2014年11月27日，江苏省第十二届人民代表大会常务委员会第十三次会议审议通过了《江苏省人民代表大会常务委员会关于促进全民阅读的决定》，并于2015年1月1日施行。《决定》将每年的4月23日“世界读书日”定为“江苏省全民阅读日”，举办“江苏读书节”和“江苏书展”。《决定》要求各地通过组织开展各种特色鲜明的全民阅读活动，引导人民群众培养阅读兴

幼儿园的孩子们在聆听“我们的节日”

红色少年诵读红色经典颁奖汇演

趣和读书习惯，提高全民阅读水平。

南京市构建“书香社会”起步较早。从1996年开始，南京在江苏境内率先举办了首次读书节，至2020年，“南京读书节”已经举办了25届，从征文、捐书、好书推荐、惠民书市、讲座到闲置图书交易等，每届读书节活动精彩纷呈，推陈出新。2018年3月，南京在新庄国展中心又成功举办了首届“南京书展”，赢得如潮好评。近年来，围绕“4·23”世界读书日等，南京市阅读领导小组办公室积极开展阅读人培训、市民学堂、书香南京大讲坛、经典诵读、演讲比赛、“每月一部传世名著”、“共读南京”、南京经典名篇网络诵读大赛等多种多样的文化阅读活动；同时，积极开展书香“七进”阅读推广活动，即书香进家庭、进企业、进校园、进机关、进乡镇（街道）、进乡村（社区）、进军营（警营），打通阅读服务“最后一公里”，不仅将南京优秀历史文化弘扬开来，而且营造“人人是学习之人，处处是学习之所”的浓厚书香氛围。

值得一提的是，南京市全民阅读领导小组办公室还动员、组织和扶持社会力量参与全民阅读推广活动，并于2015年4月23日在江苏率先成立“南京全民阅读领读者联盟”，由作家、学者、新型阅读空间负责人、读书会会长及骨干、媒体记者和出版单位以及相关阅读活动推广人员等近500名成员组成。已加入联盟的阅读组织有300多家，如亲近母语、悦的读书、知语轩、半城读书会、“最南京”读书会等。领读者联盟定期开展活动，以名师领读（讲座）、网上导读、现场走读、读书分享会、读书沙龙、作家见面会等丰富多彩的形式，引导南京市民从浩如烟海的出版物中，选取自己

老师在文都书店给孩子们讲述南京的故事

感兴趣的中外经典名著尤其是南京传世名著进行阅读，不仅使南京市民对南京这座城市的历史文化有了更为全面深入的了解，更为重要的是，增强了他们对南京的认同感、自豪感和归属感。2016 年 9 月南京领读者联盟受邀成为全国领读者联盟 20 个发起单位之一。此外，2015 年 12 月成立了南京市全民阅读志愿服务总队，市及所属区公共图书馆、基层书屋等普遍建立全民阅读志愿服务站点，拥有全民阅读志愿者 500 余人。2016 年 8 月，南京市全民阅读促进会正式成立，首批集体及个人会员 200 余人。

通过构建“书香南京”全民阅读体系，能够激发全体市民的强烈的学习欲望和学习热情，形成崇文尚读的良好风气，从而提升整个城市的学习力、创造力和竞争力。如果说一座热爱学习、善于学习、学以致用的城市，是充满活力和魅力的城市，那么，一座热爱优秀历史文化、传承优秀历史文化、弘扬优秀历史文化的城市则是一个伟大的城市。南京正是这样的城市！

（三）开展“传世名著”评选等系列活动

到 2020 年底为止，南京每年开展各类阅读活动 2000 多次，各类特色活动和阅读组织充满活力。在阅读活动日益丰富、阅读人群日益扩大的今天，开展“南京传世名著”的评选，对于推动南京市的全民阅读活动，营造“书香南京”的文化氛围，同时展现南京在中国文化史上的地位，传承弘扬南京优秀历史文化具有画龙点睛的意义。

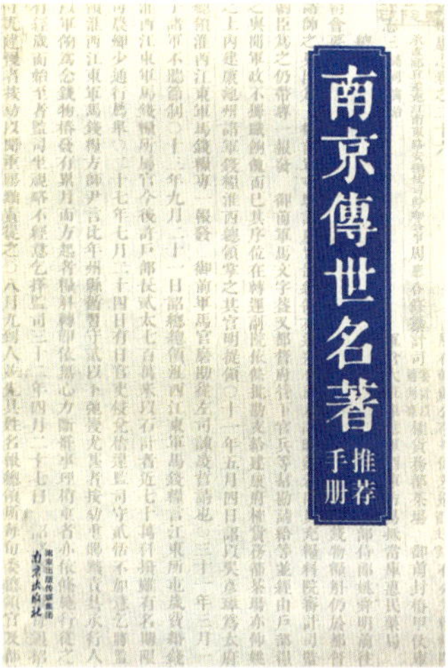

《南京传世名著推荐手册》书影

2014 年 4 月 22 日，南京出版社在南京市全民阅读领导小组指导下，开始了“南京传世名著”评选等系列活动的可行性论证，经过一年的调研，2015 年 4 月 23 日，在首个江苏全民阅读日暨第 11 届江苏读书节、第 20 届南京读书节开幕式上，正式启动“南京传世名著”的评选活动。这项活动，吸引了大批的读者参与，产生了良好的社会反响。截至当年 10 月底，参与线下投票的达 5 万余人，网络投票累计约 20 万票次。“南京传世名著”评选等系列活动成为南京市民街头巷尾热议的话题。

2015 年 11 月，在经历了可行性调研论证、专家初选、名家推荐、大众点赞后，专家评选会结合线上线下的大众推荐结果，采用大众点赞与专家推荐相结合的形式，最后从 50 部备选作品中评选出最具有代表性的 24 部南京传世名著，并于 2015 年 12 月 29 日在江宁织造府红楼剧场正式向全社会公布。“南京传世名著”（24 部）具体书目如下：

（1）《抱朴子》（东晋 葛洪）

（2）《佛国记》（东晋 法显）

（3）《后汉书》（南朝 范晔）

（4）《世说新语》（南朝 刘义庆）

（5）《弘明集》（南朝 僧祐）

（6）《文心雕龙》（南朝 刘勰）

（7）《千字文》（南朝 周兴嗣）

《弘明集》书影

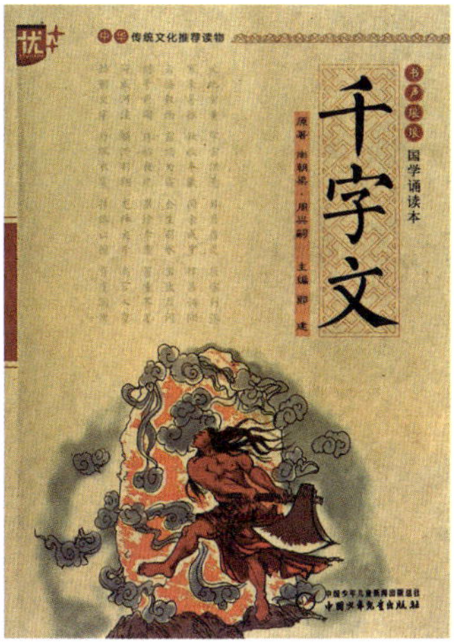

《千字文》书影

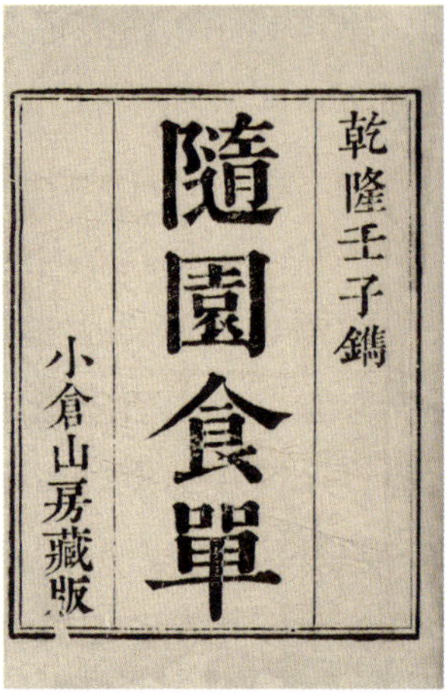

袁枚《随园食单》书影

《科学的南京》书影

（8）《诗品》（南朝 钟嵘）

（9）《昭明文选》（南朝 萧统）

（10）《建康实录》（唐朝 许嵩）

（11）《景定建康志》（宋朝 周应合）

（12）《永乐大典》（明朝 解缙等）

（13）《本草纲目》（明朝 李时珍）

（14）《金陵梵刹志》（明朝 葛寅亮）

（15）《桃花扇》（清朝 孔尚任）

（16）《芥子园画谱》（清朝 王概等）

（17）《儒林外史》（清朝 吴敬梓）

（18）《红楼梦》（清朝 曹雪芹）

（19）《随园食单》（清朝 袁枚）

（20）《首都计划》（民国 国都设计技术专员办事处）

（21）《中国文化史》（民国 柳诒徵）

（22）《科学的南京》（民国 中国科学社）

（23）《金陵古迹图考》（民国 朱偰）

（24）《全宋词》（民国 唐圭璋）

“南京传世名著评选”进校园

“南京传世名著”的评选活动还带动了江苏省其他12个大市传世名著的评选，江苏省文广新局于2015年7月在徐州第五届江苏书展期间，正式启动江苏传世名著100部的评选。2016年4月和6月，江苏镇江、扬州也分别启动了“镇江传世名著”“扬州传世名著”的评选活动。

“南京传世名著”公布后，南京出版社又策划了系列活动。如，2016年，南京市阅读办等部门从中遴选了12部作品，采用“五位一体”的方式开展“一月一本南京传世名著”品读和推广活动，吸引了南京和全国各地的书友参与。“书香南京大讲堂”则采用“一季一书一家”的形式，每一季邀请一位名人，向读者推介一本与南京有关的名家名作。鉴于“南京传世名著”在全国产生的积极影响，南京出版社建议一方面继续围绕“南京传世名著”，开展讲堂、阅读、出版、树碑、征文、网络视频、电视专题片、全民阅读和文创产品开发等延伸活动；另一方面，

2015年9月南京传世名著评选进校园

围绕南京历代经典诗词和散文，开展“南京传世名篇”的评选活动。通过持之以恒地开展“南京传世名著”系列活动，将南京优秀历史文化传承弘扬，发扬光大。

（四）打造“共读南京”阅读品牌项目

为更好地传承南京的历史文脉，营造爱读书、读好书、善读书的浓厚氛围，帮助读者不断提高学习能力，让读书成为市民生活的一部分，提升城市的品质，南京市全民阅读办联合各区阅读办、市阅读办相关成员单位及各家民间读书组织，围绕南京传世名著的评选，开展了一系列全民读书活动。其中，由南京市全民阅读办创办的“一月一本书全民共读”活动，已经成为南京著名文化品牌。2016 年，开展了“一月一名著”品读活动，2017 年、2018 年连续开展了“共读南京”活动，在广大市民中赢得了口碑，让传世名著真正“飞入寻常百姓家”。

由南京市阅读办主办的“2017 共读南京”品牌推广活动于 2016 年底开始筹备。首先是邀请知名学者专家，精选了《南京历代名著》《洪武京城图志》《文心雕龙》《雨花英烈家书》《南京历代经典诗词》《画品》《南京成语故事》《西游记》《闲情偶寄》《金陵物语》《昭明文选》《南京不会忘记》12 本与南京历史文化相关的经典书目，每月共读一本，由南京本地的南京出版社、台城书房、悦的读书会、大众书局、先锋书店、金陵图书馆书友会、雨花台区阅读办、重读南京寻访团、建康读书会、紫金草读书会等近 30 个读书单位和组织对全年阅读活动进行策划，最终形成“多个读书单位或组织领读、读者自费买书读、微信群线上专家导读、线下专家带队进行实地寻访、线下专家讲座、全媒体宣传”六位一体的模式，让更多的爱书市民参与到阅读活动中来。

2017 年底，南京市全民阅读办采用大众点赞与专家推荐相结合的方式，推荐“2018 共读南京”12 个月每月一本的书目。首先邀请南京部分专家学者、各区全民阅读办、市全民阅读各有关成员单位、读书组织，在浩如烟海的著作中（2016—2017 年已读过的 24 部书目除外）初步遴

“共读南京”线下寻访活动

选出60部具有代表性的作品，制作成H5页面在“书香南京”微信公众号中推广，以供读者投票。然后邀请著名作家叶兆言、知名学者薛冰、南京图书馆馆长徐小跃、南京出版社社长卢海鸣在内的近十位专家学者，结合大众点赞结果，推荐出《南京城市史》《金陵岁时记·岁华忆语》《金陵五记》《雨花英烈诗词》《白门食谱·冶城蔬谱·续冶城蔬谱》《客座赘语》《南京历代经典散文》《丹凤街》《南京史话》《随园诗话》《金陵旧颜》《拉贝日记》12本与南京历史文化相关的经典著作，所选作品文学形式多样，包含诗词、散文、小说、史话等多种体裁。主题覆盖面广，既有弘扬雨花英烈精神的诗词，也有展示南京悠久历史的经典散文；既有描写日常生活的风情长卷，也有描写民俗文化的岁时记；既有诗歌美学和理论，也有研究饮食文化的食谱等。接着，邀请南京本地近30个读书单位和组织对评选出的12本书目如何开展阅读活动进行精心策划。最终确定“2018共读南京”仍采用“多个读书单位或组织领读、读者自费买书读、微信群线上专家导读、线下专家带队进行实地寻访、线下专家讲座、全媒体宣传”六位一体的模式，以进一步提升“书

“2019 共读南京”专家评审会

香南京”全民阅读的氛围。

2018 年 11 月，南京市全民阅读办正式启动“2019 共读南京”书目推荐评选活动。本次活动邀请了部分专家学者、名家名师、十大高校图书馆馆长、各区全民阅读办、市全民阅读各有关成员单位、读书组织，在浩如烟海的著作中（2016—2018 年已读过的书目除外）初步遴选出 42 部具有代表性的作品，制作成 H5 页面在“书香南京”微信公众号中推广，以供读者投票。

本次推荐活动专家推荐团队堪称豪华，包括作家叶兆言、薛冰，南京大学教授莫砺锋、胡阿祥、徐雁，南京城市文化研究会长卢海鸣等在内的近十位专家学者，推荐了《南唐二主词》《格致南京》《南京历代名号》《南京的书香》《初心永恒——雨花英烈话语解读》《江北文脉》《芝麻开门系列》《最忆是金陵》《建康古今记》《白下琐言》《旧时燕—— 一座城市的传奇》等一批与南京有关的经典著作。

“2020 年共读南京”书目的八位评审专家学者包括：南京城市文化研究会会长卢海鸣，南京文史专家薛冰，江苏省作家协会副主席、著名作家祁智，中国阅读学研究会名誉会长、南京大学教授徐雁，南京师范大学图书馆馆长管红星，金陵图书馆馆长焦翔，江苏凤凰新华书店集团有限公司南京分公司副总经理王星，南京群学书院负责人陆远。参照往年模式，评选出的12部作品是：《我们的大桥》《南京红色印迹》《潮打石城》《万石斋灵岩大理石谱》《冶城话旧·东山琐缀》《南京民俗》《南京传》《秦淮志》《诗国南京》《古树名木》《旷世城垣——南京明城墙》《乘风破浪的男孩》。至此，由南京市全民阅读办创办的“共读南京”活动，作为全省知名阅读推广品牌活动，自2016年1月以来，每月共读一本名著，至今已共读57本。

“2021 共读南京”书目专家评审会

我们建议，在未来的品牌项目打造上，可以结合“红色文化”“长江文化”“大运河文化”“世界文学之都”“世界和平城市”等主题，开展一系列丰富多彩的活动。

（五）创新优秀传统文化的传播载体

传承弘扬南京优秀历史文化，不能故步自封，要与时俱进。习近平总书记在全国宣传思想工作会议上强调：“我们必须科学认识网络传播规律，提高用网治网水平，使互联网这个最大变量变成事业发展的最大增量。”在互联网无所不在的当今时代，我们要推动中华优秀传统文化的创新型发展和创造性转化，必须要有互联网思维。我们要充分认识到

南京市全民阅读促进会在玄武湖举行书香南京“朗读者”志愿服务特聘专家仪式

互联网对于传承弘扬南京优秀历史文化的助力效果。我们要通过载体的创新，助力南京优秀历史文化进入千家万户。

不同的阅读载体具有不同的传播效果。无论是传统载体，还是现代载体，都能够有效地将中华优秀传统文化传承弘扬开来。相对于传统纸质书阅读而言，以手机为终端的电子阅读目前已经成为一股潮流和时尚，在此情况下，只有顺势而为，将电子阅读作为传承弘扬南京优秀历史文化的一个重要途径，才能更好地推动南京优秀历史文化发扬光大。

以南京市全民阅读领导小组办公室主办的“书香南京微信号”（sxnjdjt）阅读推广平台为例，该平台通过聚合南京地区各个读书会的力量，借助南京广电集团全媒体传播资源，开展全媒体阅读宣传推广。该微信公众号每日发布讲义，引导读者品读名著、传承经典。该微信公众号下分为三大版块，分别是“在线视听”、“图书漂流”和“粉丝福利”。“在线视听”可获取图书品读会、品读计划、书香南京·微视频、南京传世名著总览等信息；“图书漂流”可获取图书漂流点的具体信息，也可以参加图书漂流活动；“粉丝福利”为粉丝们不定期地提供征文活动、免费购书券等。由此可见，当传统阅读遇上互联网后，书的世界会变得更加鲜活和多样化，人在手指翻飞的滑屏阅读中体验到阅读传统文化的乐趣。

（六）完善公共阅读设施建设

传承弘扬优秀传统文化，离不开公共阅读设施的完善。从基础层面来讲，就是要落实公共文化服务保障政策，进一步完善公共图书馆、职工书屋、农家书屋、社区书屋等基础设施，发挥阵地作用，提供阅读保障。要依托各级图书馆、图书阅览室、农家书屋等场所的丰富图书资源，开展常态化阅读活动。

公共图书馆具有丰富的馆藏资源，而且拥有一大批专业管理和服务人员，通过组织实施全民阅读活动，调动图书馆专业人员的积极性和创造性，推动、促进公共图书馆广泛、持久地开展阅读推广工作，为全体

南京图书馆

青春书店（位于武定门南侧城墙肚里）

居民提供更多更好的南京优秀历史文化阅读指导服务，为丰富群众的精神文化生活发挥应有作用。

改革开放40年来，南京市公共图书馆不断飞跃发展。截至2021年5月底，全市14个公共图书馆、101个镇（街道）分馆，1201个村（社区）综合文化服务中心均免费提供借阅服务；已建成城市书房76家，24小时自助图书馆88座，全市职工书屋1226家（其中市级以上938家），校园书屋3685家；在公园景区、文博场馆、城乡社区等建设新型阅读空间200多处，推动全市431家农家书屋延伸服务项目，举办各类文娱活动，形成“群众家门口的文化驿站”。金陵图书馆全新打造“文都之窗”阅读新空间，南京出版集团重点打造“青春会客厅”和青春书店、文都书店；在玄武湖书香公园、幕燕风景名胜区、熙南里街区打造文旅融合阅读实践基地，使一批拥有图书馆阅读资源的“南京共享图书馆”进入南京景区，阅读资源与湖光山色相伴，受到游客一致好评。同时，市全民阅读办与南京各大高校图书馆建立校地联盟合作，与高校联合举办阅读活动，共建图书漂流点，让高校优质阅读资源辐射到社会，融入全民阅读整体工作中。全市居民对阅读设施使用率、满意率比去年分别提升5.52和1.88个百分点。

我们应该看到，当前，图书馆服务、阅读服务存在着区域分布不平衡、各个社会成员的阅读能力不平衡以及阅读条件不平衡的状况，仍然有一部分社会成员拥有比较少或比较差的阅读条件和资源。完善基础设

文都书店（太平门街53号）

施建设，就是为了实现阅读的普惠性，促进社会缩小阅读条件、阅读资源的差距，使每个公民都能得到各种形式的阅读服务，从而更好地传承弘扬南京优秀历史文化。

综上，崇文尚读是古都南京流传至今的优良传统，在经济高速发展、人民物质生活日益改善的21世纪，从精神、制度和物质三个层面传承弘扬南京的崇文尚读传统，对于南京提前实现全面建设小康社会的目标、发扬光大中华优秀传统文化南京篇章，建设“创新名城、美丽古都”南京具有十分重要的历史意义和现实意义。

三、加强文化典籍整理编纂

南京是我国著名的四大古都之一，素有“六朝古都”“十朝都会”的美誉。虎踞龙盘的南京城，在悠久的历史中，多次拯救中华文明于危亡之中，承前启后、存亡续绝、传薪播火、连绵不断，孕育了丰富多彩、兼容并蓄的“南京文化”，其中以灿烂的六朝文化、绮丽的南唐文化、磅礴的大明文化和缤纷的民国文化尤为令人瞩目。

然而，由于历史上的兵燹战乱和风雨侵蚀，南京历史上的辉煌成就以物质文化形态留存下来的相对较少，以非物质形态传承下来的更是凤毛麟角，更多的是以记忆遗产的形式保存在图书典籍之中。这就是珍藏着南京这座古都的文化乃至中华文脉有机组成部分的宝库——南京文献。

以六朝葛洪《抱朴子》、刘义庆《世说新语》、萧统《昭明文选》、刘勰《文心雕龙》、范晔《后汉书》、沈约《宋书》、葛洪《肘后备急方》、钟嵘《诗品》、萧子显《南齐书》，唐朝许嵩《建康实录》，南唐李璟、李煜《南唐二主词》，宋朝周应合《景定建康志》和马令、陆游《南唐书》，元朝张铉《至正金陵新志》，明朝礼部《洪武京城图志》、明朝官方《寰宇通衢》、陈沂《金陵古今图考》、胡正言《十竹斋书画谱》，清朝吴敬梓《儒林外史》、孔尚任《桃花扇》、陈作霖《金陵琐志九种》，民国王焕镳《首都志》、朱偰《金陵古迹图考》等为代表的南京文献，是世世代代的南京人乃至华夏子孙共同经验、智慧与启示的结晶，也是南京人民、中国人民乃至世界人民的共同财富。

南京文献绵延不绝，其数量之巨、卷帙之繁、内容之广、版本之多、价值之大，令海内外专家学者为之惊叹。据不完全统计，截至 1949 年中华人民共和国成立，保存下来不同版本的南京文献近万种，其数量不仅在我国历史文化名城中独领风骚,而且在世界各国古城中也遥遥领先。

优秀传统文化是中华民族的根与魂，也是建设当代中华文明大厦的“奠基石”和创新发展的“阶梯石”。优秀传统文化在涵养社会主义核心价值观、建设社会主义文化强国中具有重要作用。优秀传统文化主要是以文献典籍为载体。历朝历代，人们自觉地通过各种方式保存和整理文献和典籍，阐释其文化内涵，并从中汲取智慧和养分。习近平总书记指出：“提高国家文化软实力，要努力展示中华文化独特魅力。”“要系统梳理传统文化资源，让收藏在禁宫里的文物、陈列在广阔大地上的遗产、书写在古籍里的文字都活起来。”其中让“书写在古籍里的文字活起来”，对我们挖掘、整理南京文献具有重要的指导意义。

21 世纪以来，中央对文献整理出版工作一直高度重视，专门成立了全国古籍整理出版规划领导小组，领导小组办公室设在国家新闻出版广电总局，负责制定国家古籍整理出版规划，还设立了国家古籍整理出版资助基金。全国各地积极响应，纷纷整理出版代表本地历史文化特色和品位的优秀典籍，古籍文献重新整理出版呈现出方兴未艾的态势。2017 年，中共中央办公厅、国务院办公厅印发了《关于实施中华优秀传统文化传承发展工程的意见》，其中第 8 条“深入阐发文化精髓”中明确指出要“加强中华文化典籍整理编纂出版工作”。江苏省也于 2017 年启动了江苏文脉整理与研究工程。江苏文脉整理与研究工程的成果是《江苏文库》。

（一）南京传统文化的整理出版历史

历史上，南京曾经多次高质量地对传统文化进行过系统整理和出版，其中突出的有四次。

第一次是距今 1500 年前的梁朝。昭明太子萧统组织编纂了我国历史上最早的诗文总集《昭明文选》，它选录了先秦至南朝梁代八九百年间 100 多位作者撰写的 700 余篇各种体裁的文学作品。

第二次是距今 600 多年前的明朝永乐年间（1403—1424），明成祖朱棣命令解缙、姚广孝等在南京组织整理出版了中国古代最大的百科全书《永乐大典》，共 22937 卷，11095 册，约 3.7 亿字。书中保存了我国上自先秦、下迄明初的各种典籍资料达七八千种，是中国古代最大的类书。《不列颠百科全书》在“百科全书”条目中称中国明代类书《永乐大典》为“世界有史以来最大的百科全书”。可惜的是，该书大多亡于战火，今仅存 800 余卷，且散落于世界。

第三次是民国年间，南京通志馆卢前馆长组织编印了一套《南京文献》。《南京文献》每月一期，从 1947 年 1 月至 1949 年 2 月共刊行了 26 期，收入南京地方文献 67 种，包括元明清到民国各个时期的著作，

《南京文献》书影

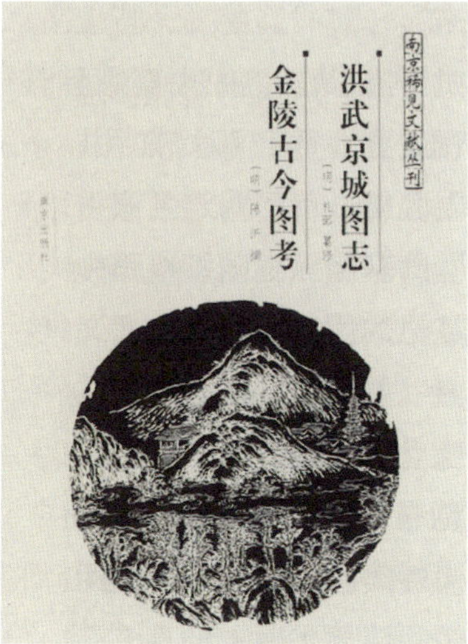

“南京稀见文献丛刊”之一书影

其中收录的部分民国文献今天已经成为绝版。

第四次是2006年至今。自2006年开始，南京出版社和南京市地方志办公室等单位合作，编辑出版了“南京稀见文献丛刊”，到2021年6月为止已经出版74册115种。“丛刊”选取六朝至民国年间比较稀见的南京文献进行点校，以满足普通读者的需求，目前仍在不断出版中。

上述整理，或属于首创，内容单薄，《昭明文选》是也；或广征博采，内容庞杂，《永乐大典》是也；或兼收并蓄，内容芜杂，民国《南京文献》是也；或囿于地域，内容狭窄，今日之“南京稀见文献丛刊”是也。尽管如此，这些文献整理为当代《金陵全书》的编纂出版提供了有益的镜鉴。

时至今日，流传下来的南京文献典籍分散收藏在全国各地的图书馆、博物馆、档案馆，甚至流散在民间和国外，除了少数文献经过重新出版之外，大多数文献长期束之高阁，鲜有人问津，而广大读者想要查找阅读这些散见的地方文献，十分不便。这些前人留给我们的文化瑰宝没有得到应有的重视，其资治、存史、教化、育人功能没有得到应有的发挥。

德国哲学家叔本华说过："没有别的事情能比阅读古人的名著给我们带来更多的精神上的乐趣，这样的书即使只读半小时，也会令人愉快、清醒、高尚、刚强，仿佛清澈的泉水沁人心脾。这原因，大概一则是由于古代语言的优美，再则是因为作者的伟大和眼光的深远，其作品虽历经千年，仍然无损其价值。"这段话用在南京地方文献上一点也不为过。

因此，对南京历代流传下来的文献典籍进行系统整理出版，不仅可以满足广大读者日益增长的精神文化需求，同时也可以使南京优秀历史文化化身千百，发扬光大。

（二）《金陵全书》的编纂

盛世崇文，太平修典。《金陵全书》的编纂出版，堪称南京当代的一件文化盛事。

2009 年 12 月 24 日，中共南京市委、市政府正式启动南京市重点文化工程《金陵全书》的整理出版工作。在市委宣传部的直接领导下，由南京出版传媒集团·南京出版社与南京市地方志编纂委员会办公室、南京市档案局（馆）、南京图书馆，以及国内外的相关图书馆和档案馆通力合作，将南京历代流传下来的作品分为"方志""文献""史料""档案"四个系列，进行全面、系统、完整地整理并影印出版。首次借助最新印刷技术，部分内容采用双色套印和四色彩印，高度还原文献原貌，最大限度地确保了文献的价值。

1. 确立标准，摸清家底

《金陵全书》在启动之初就被列为"南京市重点文化产业项目特色品牌"，一开始的目标就是打造"传世精品"，以与南京这座中外闻名的历史文化名城的地位相匹配。为此，我们成立了《金陵全书》编辑出版委员会，聘请了南京大学历史学院资深教授蒋赞初、茅家琦先生，南京博物院原院长梁白泉先生，担任特聘学术顾问，对《金陵全书》的编纂出版工作进行宏观指导。同时，我们还成立了《金陵全书》专家组，聘请南京大学贺云翱、范金民、程章灿、胡阿祥、夏维中教授，南京

《南京文献综合目录》书影

师范大学江庆柏教授，以及南京图书馆徐忆农研究员、南京博物院王明发研究员、南京市地方志办公室杨永泉等全国知名专家学者，给予具体指导并承担具体工作。在出版社内部，我们成立了《金陵全书》编纂工作小组，抽调社内学有专长的编辑作为成员，由史学博士、社长卢海鸣担任组长，具体负责编纂出版工作。

我们首先组织专家们就《金陵全书》的收录范围，进行论证，确定了以下几个标准：

①时间上限不限，下限截至1949年中华人民共和国成立，个别图书时间可以适当放宽；

②空间以现在的南京行政区为主，兼顾历史上南京的辖区；

③内容必须积极向上；

④题材不限；

⑤版本尽可能选择最早、最好的善本和孤本。

根据上述标准，江庆柏、程章灿、杨永泉、吴小铁、徐忆农等专家，不辞辛劳，对现存南京地方文献的种类、数量、保存现状以及收藏地点进行深入细致的调研，在杨永泉先生《南京文献综合目录》的基础上，编制了一份长约300页的《南京古籍目录》以及长达88页的《金陵全书·文献编书目》。

2. 守正创新，广泛搜罗

南京的文献典籍不仅数量多，而且内容广，经史子集无所不包。对于流传下来的南京文献，如何合理的分类？采用点校出版还是影印出版？凡此种种，成为《金陵全书》编纂必须要解决的问题。

就目前国内已经整理出版的文献典籍而言，基本上都是沿袭传统的

《金陵全书·方志编》书影

经史子集的套路，主要集中在方志的整理、史料的编纂。守正有余，创新不足。我们经过调研，认为传统的经史子集分类固然有其独特的优势，但是，时代在发展，文献典籍的内涵在扩大，我们既要传承文化，更要发展文化。专家们集思广益，经过反复论证，决定将民国档案纳入《金陵全书》之中，由此在全国范围内开创了民国档案纳入文献典籍整理的先河。最终，确定《金陵全书》分为“方志编”“史料编”“文献编”和“档案编”四大类。

“方志编”，收录南京历代通志、府志、县志、专志；

“史料编”，收录内容以南京为题材的文献典籍；

“文献编”，收录在南京撰写的，或者南京人撰写的，或者在南京首次刻印的非南京题材的文献典籍；

“档案编”，收录1912年以来与南京相关的档案。

在四大类中，每一类收录的文献典籍和档案均按时间先后顺序排列。同时，确定采用影印出版的形式，尽

《金陵全书·文献编》书影

《金陵全书·史料类》书影

可能原大呈现，每一页的正反两面为原书的一个筒子页。

在《金陵全书》编写框架和呈现方式确立后，我们所面临的最大困难就是，相关文献典籍和档案分别收藏在全国各地数十家单位和部门，既有专业的图书馆、档案馆、美术馆，又有高校、科研院所、博物馆、纪念馆和书店。仅南京本地的收藏单位和部门就有10家左右，如南京图书馆、南京市档案馆、南京市城建档案馆、江苏省美术馆、中国科学院南京地理与湖泊研究所、南京大学、南京博物院、孙中山纪念馆、南京新华书店杨公井古籍书店等；南京之外的收藏单位和部门就更多了，如中国国家图书馆、北京大学、复旦大学、清华大学、上海博物馆、宁波天一阁、台湾“中央图书馆”和“中央研究院”等。

在专家学者们的指导帮助下，在相关部门的大力配合下，《金陵全书》编纂出版工作小组成员按图索骥，“上穷碧落下黄泉”，先后与相关收藏单位联系，得到了积极回应和鼎力支持，使得《金陵全书》的编纂出版工作顺利推进。值得一提的是，一些长期束之高阁

《金陵全书·档案类》书影

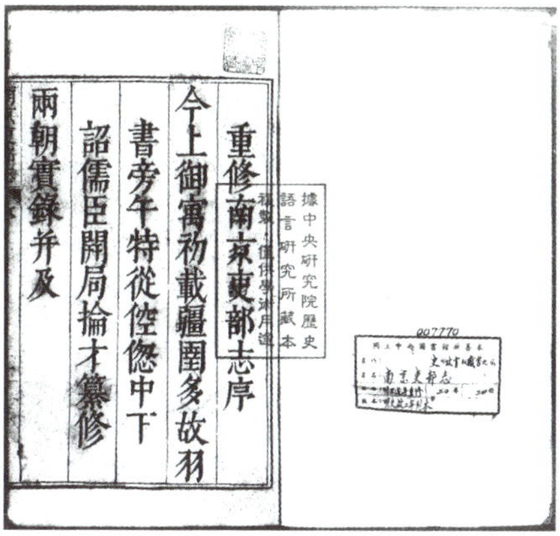

重修南京吏部志序
今上御寓矜載疆圉多故羽
書旁午特從倥偬中下
詔儒臣開局掄才纂修
兩朝實錄并及

《南京吏部志》书影

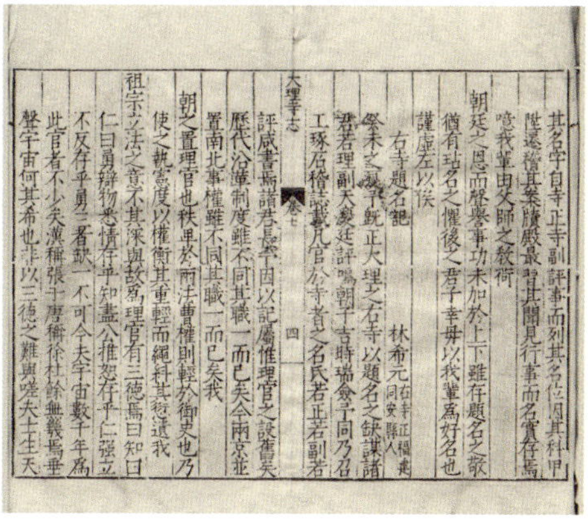

其名字自寺正寺副評事而列其名位因其科甲
陞遷稽其案牘殿最習其聞見行事而名實存焉
噫我輩由久師之教衍
朝廷之恩而聲譽事功未加於上下雖存題名之敬
猶有玷名之懼後之君子幸毋以我輩爲好名也
謹慮左以俟
右寺題名記　林希元右寺正福建同安縣人
癸未之夏予既正大理之右寺以題名之缺謀諸
君若理副天爵廷評鳴朝于吉時瑞僉于同乃召
工琢石稽誌載凡官於寺者之名氏若正若副若
大理寺志　卷七　四
評咸書焉請君長予因以記屬惟理官之設舊矣
歷代沿革制度雖不同其職一而已矣今兩京並
置南北事權雖不同其職一而已矣我
朝之置理官也秩卑於刑法曹權則輕於御史也乃
使之執憲度以權衡其重輕而繩糾其愆遺我
祖宗立法之意不其深與故爲理官有三德焉曰知曰
仁曰勇辯物悉情存乎知盡公推恕存乎仁强立
不反存乎勇三者缺一不可今夫宇宙數千年爲
此官者不少矣漢稱張于唐稱徐杜餘無幾焉垂
聲宇宙何其希也非以三德之難與嗟夫士生天

《南京大理寺志》书影

的孤本、珍本和内部印刷本，因《金陵全书》的收录，在尘封千百年后得以一露真容。如，《景定建康志》是南京现存最早的官修志书，其编撰体例为后世广泛沿用，《金陵全书》采用南京图书馆馆藏金陵孙忠愍祠仿宋刻本，首次原大影印出版；《康熙江宁府志》（于成龙本），中国国家图书馆藏清康熙二十二年（1683）红格精抄本为海内孤本，《金陵全书》首次原大影印出版；《正德江宁县志》，中国国家图书馆藏明正德十六年（1521）增修本从未出版过，《金陵全书》首次原大影印出版；《南京吏部志》，《金陵全书》采用的是台北“中央图书馆”藏明天启二年（1622）刊本；《南京大理寺志》明嘉靖孤本，仅存卷六、卷七，珍藏在宁波天一阁，也是首次面世。1948年底至1949年初，为配合解放南京、管理南京、建设南京，中共领导下的华东中央局社会部（化名“江南文化研究会”）组织编印的《南京调查资料》22册；第二野战军组织中共南京地下党以“书报简讯社”名义编印的《南京概况（秘密）》（上下册），都是首次通过《金陵全书》得以重见天日。上述版本，因为收入《金陵全书》

《南京调查资料》书影

之中而得以化身千百。这些版本的收录也在无形之中提升了《金陵全书》的品位、价值和内涵。

在编纂《金陵全书》过程中，涉及单位和部门从中央到地方有50多个，参与人员达150多人。编辑人员对每种文献逐页核对，对内页顺序混乱、缺漏的，经过几个版本的比对，全部补足缺页、漏白，使之成为全世界最完整的版本。收入《金陵全书》中的每一种图书，前面均有一篇业内知名专家学者撰写的《提要》，就作者、时代背景、主要内容、价值、版本源流进行解读，以便读者加深对作品的了解。

3. 循序渐进，亮点迭出

《金陵全书》编纂困难之大，超过了我们的预期。从搜集资料、遴选版本、购买版权，到书名卷数的核定、作者籍贯之确认、方志文献史料档案之分类，以及专家提要之撰写，每一步都充满艰辛。经过不懈努力，攻坚克难，上下求索，久久为功。截至2021年6月已出版320册，我们完成了总出版规划册数500册的二分之一以上。具体如下：

洋洋大观的《金陵全书》

2010年8月出版了第1批9册，2010年12月出版了第2批11册，2011年6月出版了第3批30册，2011年9月出版了第4批4册，2012年4月出版了第5批20册，2012年12月出版了第6批24册，2013年9月出版了第7批22册，2013年12月出版了第8批18册，2014—2018年出版了第9至第13批共107册……

截至2021年6月已经出版的《金陵全书》320册，包含甲编方志类、乙编史料类、丙编文献类、丁编档案类四大类。四大类形成了十个完整的体系，创造了南京优秀历史文化整理史上的“十个第一”：

一是第一次将南京历代府志系统搜集整理出版。最早的是南宋周应合编纂的《景定建康志》，最晚的是民国《首都志》，共计9种26册。

二是第一次将南京历代上元、江宁、六合、江浦、溧水、高淳县志系统整理出版。如，明代《万历上元县志》，清代《康熙上元县志》《乾隆上元县志》《道光上元县志》(注：上元县包括今天南京鼓楼区、玄武区、秦淮区、建邺区、栖霞区)；明代《正德江宁县志》《万历江宁县志》，清代《康熙江宁县志》《乾隆江宁县新志》《同治上江两县志》等。

三是第一次将南京历代山水、园林、寺庙等专志分门别类汇集整理出版。如，《栖霞小志·摄山志·栖霞新志》《牛首山志·献花岩志·盋山志·石城山志·南汤山志·覆舟山志》《秦淮志·运渎桥道小志·后湖志·金陵后湖事迹·后湖事迹汇录·玄武湖志》《莫愁湖志·莫愁湖

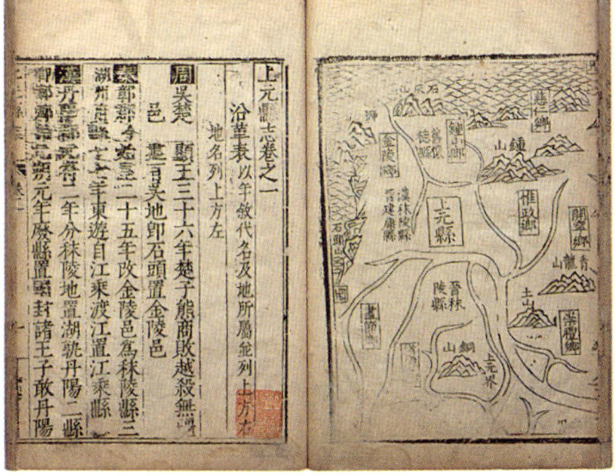

《万历上元县志》书影

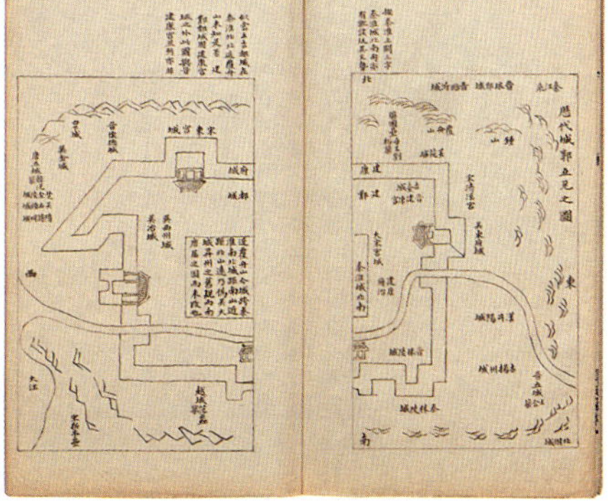

《六朝故城图考》书影

志·添修莫愁湖志·莫愁湖志·浦口汤泉小志》《金陵园墅志·瞻园志·明孝陵志·总理陵园小志》《金陵梵刹志》《折疑梵刹志》等。

四是第一次将六朝史料系统汇集整理出版。包括《建康实录·建康实录校记》《六朝事迹编类·六朝故城图考·南朝寺考》《梁代陵墓考·南朝太学考·六朝陵墓报告·建康兰陵六朝图考》等。

五是第一次将南唐史料系统汇集整理出版。包括《钓矶立谈·江南笔录·江表志·南唐书》《江南野史·南唐书》《江南余载·金陵防守利便·唐余纪传·放生池古迹考》10 种 3 册。

六是第一次将明初建文朝史料系统汇集整理出版。如，《洪武圣政记·渤泥入贡记·东朝记·逊国正气纪·剪胜野闻》《逊国臣传·建文忠节录·建文逊国之际月表·建文帝后纪》等。

七是第一次将明代职官史料系统汇集整理出版。包括《南京吏部志》《南京刑部志》《南京都察院志》《南枢志》等 19 种 20 册。

八是第一次对民国首都南京市政公报进行全面系统的搜集整理出版。《首都市政公报》（398 期）全面记录了 1927—1949 年民国首都南京财政、税收、物价、慈善、教育、卫生、公共交通、市政规划、城市建设、娱乐场所、公园及风景名胜地、社会治安等方面情况。共 47 册，

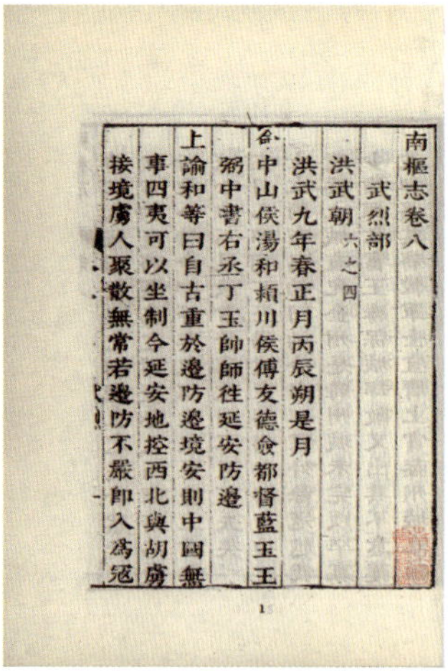
南樞志卷八
武烈部
洪武朝六之四
洪武九年春正月丙辰朔是月
命中山侯湯和潁川侯傅友德僉都督藍玉王
弼中書右丞丁玉帥師往延安防邊
上諭和等曰自古重於邊防邊境安則中國無
事四夷可以坐制今延安地控西北與胡虜
接境虜人聚散無常若邊防不嚴即入為寇

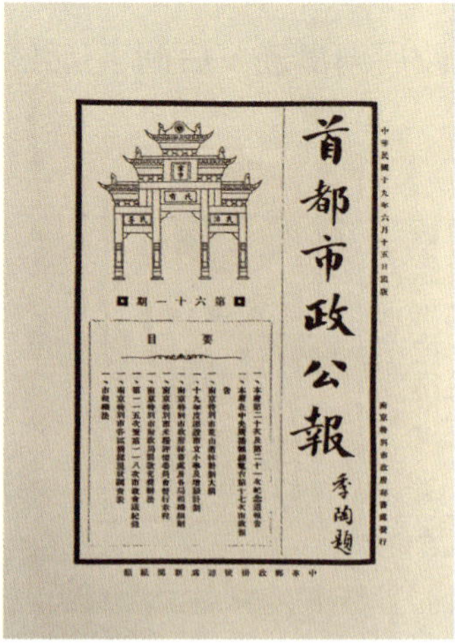

《南枢志》书影　　1930 年 6 月《首都市政公报》书影

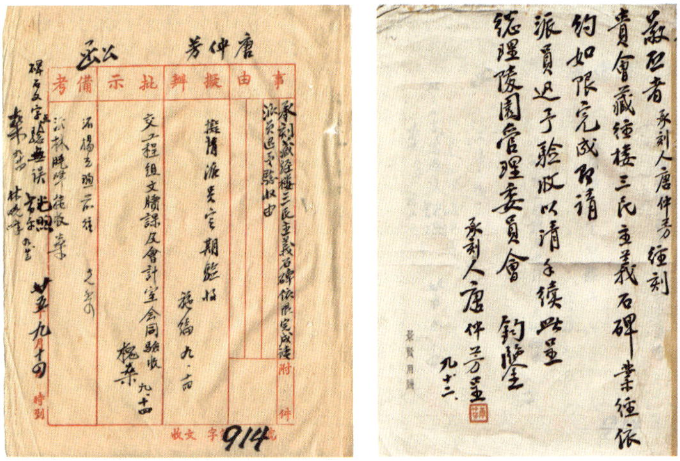

唐仲芳 公函

事由：承刻藏经楼三民主义石碑依限完成请派员迅予验收由

拟办：拟请派员定期验收

批示

备考

914

敬启者 承刻人唐仲芳镌刻
贵会藏经楼三民主义石碑业经依
约如限完成即请
派员迅予验收以清手续此呈
总理陵园管理委员会 钧鉴
承刻人唐仲芳呈 九.十二

中山陵档案

其中索引2册。将民国档案纳入《金陵全书》堪称前所未有的一个创举。

九是第一次对南京中共地下党史料进行全面系统的搜集整理出版。如,《南京调查资料》（原书22册）、《南京概况》（上、下）共2种,是中国共产党人在1949年4月解放南京前夕，为保护南京而编写的情报资料，对于研究民国南京政治、经济、军事、文化和外交，均具有重要参考价值。

十是第一次将中山陵档案系统汇集整理出版。包括《葬事筹备》、《陵墓及纪念工程》、《陵园管理》（上、下）、《陵墓建筑》、《总理奉安实录》《哀思录》等。

2019年，在《金陵全书》编纂出版迎来十周年之际，我们启动《金陵全书》的第四大版块——“文献编”的编纂出版工作。“文献编”主要收录非南京主题和内容的作品，它们要么是南京人编写的，要么是在南京编写的，要么是在南京刻印的。总之与“南京”这座城市有关，是南京文化密不可分的一个重要组成部分。“文献编”与“方志编”“史料编”“档案编”环环相扣，相互补充，形成一个完整的有机统一体。

《金陵全书》按照现在每年20册的出版速度，500册全部出齐大约还需要8年时间。届时，我们这套皇皇巨著将成为南京建城2500年(公元前472——公元2028）的献礼之作，以下的一串串数字将永久地刻在南京历史文化的丰碑上：

总册数500册；

总字数3.5亿字；

总页数35万页；

总厚度20米；

总投资额达1亿元；

涉及单位和部门约60个；

参加编纂人员达200人；

编纂时间20年。

《金陵全书》十周年出版历程，堪称南京当代文化史乃至我国地方传统文献整理史上的里程碑。它筚路蓝缕，积健为雄，惠及当代，泽被千秋。通过《金陵全书》的编纂出版，我们不仅培养了一批专业作者队伍，锻炼了一批新老编辑，吸引了一批忠实读者，加深了与众多单位和部门的合作，而且为中华优秀传统文化的挖掘、传承、弘扬和发展树立了一个成功的典范。

（三）“南京稀见文献丛刊”的整理

如果说《金陵全书》是“阳春白雪”，更适合图书馆和专家学者研读的话，那么，“南京稀见文献丛刊”宛若“下里巴人”，更加接地气，读者面更宽。

“南京稀见文献丛刊”从2005年开始启动，到2021年整整走过了16年的出版历程。16年来，在编者、作者、读者鼎力合作以及相关单位和领导的大力支持下，这套“丛刊”共出版74册115种。其数量由少到多，质量由粗及精，规模自小到大，品牌从籍籍无名到声名鹊起，算是对所有参与者的最好回报。

1. 确立标准

南京地方文献琳琅满目，哪些文献可以纳入“丛刊”出版的范围呢？为此，我们与相关专家学者经过反复讨论，最终确定了以下几个收录标准：

（1）内容必须是写南京，或者书中的大部分内容与南京有关；

（2）时间上限不限，下限截至 1949 年中华人民共和国成立，个别图书时间可以适当放宽；

（3）版本尽量选用初版本，如有修订版则选用修订版；

（4）题材不限；

（5）作者国别不限。

本着挖掘、整理、弘扬南京优秀历史文化的宗旨，对于这套“丛刊”，在出版体例上，我们确定采用“导读”加“点校”的方式，以达到普及弘扬优秀传统文化的目的；在版本上，择善而从，同时参校其他的各种版本。为了尽量保持原书的面貌，我们确定了如下的原则：书中的通假字保留不动；异体字径改；错字在页下注明；缺漏字以方框表示，可以确定的缺漏字直接补上。

为了确保这套“丛刊”成为南京地方文化中的精品，我们对现存南京地方文献的种类、数量、保存现状以及收藏地点等进行深入细致的调研，可谓是“上穷碧落下黄泉”，最终源源不断地筛选出一批批稀见文献。

2. 众筹出版

这套“丛刊”要想顺利出版，面临最大的难题就是经费问题。

南京自古以来就是我国的文化高原，人文荟萃，书香文化绵延不绝，因此我们对于这套“丛刊”的出版前景颇为乐观，相信“丛刊”会受到读者的欢迎。但是，南京地方文献毕竟属于阳春白雪，不是日常生活必需品，读者对象相对有限，而出版社投入的资金数额会比较大，成本回收的周期比较长，所以必须要有一定经费资助才能确保每年持续不断地出版。以 2006 年第一辑《洪武京城图志·金陵古今图考》《板桥杂记·续板桥杂记·板桥杂记补》《金陵岁时记·岁华忆语》《秦淮志》《明孝陵志》《首都计划》《陷京三月记》7 册 11 种为例，我们采取了“众筹”出版的方法，这在当时堪称一个创举。

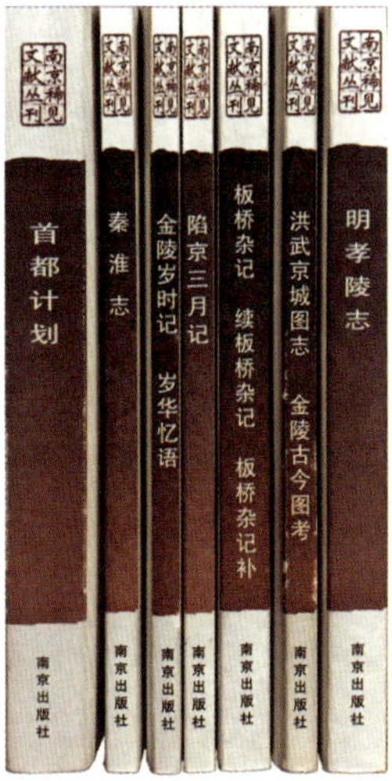

“南京稀见文献丛刊”第一辑

第一个参与“众筹”的是南京市地方志编纂委员会办公室。当时我找到了时任市地方志办公室主任金承平和副主任朱海光、赵建中先生，恰巧他们也有整理南京地方文献的想法，双方不谋而合，最后地方志办公室资助了将近一半的出版费用。

第二个参与“众筹”的是明孝陵博物馆，因为《明孝陵志》一书，我找到了时任馆长周钰雯女士，她非常爽快地答应出资购买。

第三个参与“众筹”的是南京市规划局，因为《首都计划》，我找到了时任局长周岚女士和办公室主任王宇新先生，他们不仅表示愿意购买，而且周岚女士还愿意为这部作品撰写“导读”。

第四个参与“众筹”的是侵华日军南京大屠杀遇难同胞纪念馆，我找到了时任馆长朱成山先生，他希望将《陷京三月记》纳入“丛刊”中出版，并表示愿意出资购买。

第五个参与“众筹”的是秦淮区地方志办公室，因为《秦淮志》，我找到了时任主任杨献文先生，他不仅出资购买，而且愿意承担这部作品的点校工作。

“南京稀见文献丛刊”第二辑

就这样，“南京稀见文献丛刊”第一辑在“众筹”中于2006年顺利出版。此后，每一辑出版之前，我都会采取“众筹”的方法，到处游说“化缘”。南京许多单位，如中山陵园管理局、孙中山纪念馆、南京民俗博物馆、江宁区地方志办公室、南唐二陵文保所等，都成了我“众筹”的对象，有的单位多次参与“众筹”。在“众筹”过程中，我与王鹏善、金承平、李兰、张立新、沈先金、朱海光、赵建中、颜一平、柳云飞、王宇新、韩建国、周钰雯、任青、王瑞林、周维林、夏仁琴等领导和专家建立了深厚的友谊。正是有这么多富有文化情怀的领导和单位关心南京地方文献的出版，才使这套“丛刊”健步走到今天。

3. 共襄盛举

“南京稀见文献丛刊”类别有方志、史料、档案三大类；题材包括诗文、史志、实录、书信、游记、报告等；内容涵盖历史、地理、政治、经济、军事、文化、教育、宗教、民俗、陵墓、城市规划等方面。

“丛刊”的点校工作包括调查搜集资料、版本鉴别与遴选、书名卷数之核定、作者及其籍贯之确认、文献档案之分类等，点校难度之大，远远超乎我们的想象。

“丛刊”的出版，凝聚了专家学者们的共同心血。南京史学界前辈茅家琦、蒋赞初、梁白泉先生欣然应邀担任“丛刊”学术顾问，给予全程指导。参与点校（翻译）工作的专家学者们，有来自高校的教师江庆

“南京稀见文献丛刊”源源不断出版和再版

柏、胡阿祥、程章灿、成林、何孝荣、韩文宁、郑寿康、印芝虹、邢东升等先生（女士），有来自博物馆、社科院的专家学者朱成山、王明发、欧阳摩壹、朱明娥、孙宅巍等先生（女士），有来自地方志、党史办的专家学者王能伟、陈济民、吴福林、朱兰霞、吴小铁、彭年德、王瑞林、邓攀先生，还有来自作协的作家薛冰先生，以及南京地方文化学者张增泰、邓振明、濮小南、陶起鸣先生等，本人也很荣幸地忝列其中。参与点校（翻译）工作的专家学者们不计名利，怀着历史的情怀、当代的使命，一丝不苟，常常为一个字、一句话反复推敲斟酌，真可谓是“千淘万漉虽辛苦，吹尽狂沙始到金”，从而确保了“丛刊”的点校（翻译）质量。

“丛刊”汇集历史，惠及当代，影响后人。近代著名出版家张元济先生曾经说过：“睹乔木而思故家，考文献而爱旧邦。”“丛刊”的出版，不仅造就了一批专业作者队伍，锻炼了一批新老编辑，吸引了一批忠实的读者；而且为2009年南京历史上最大规模的地方历史文献的总汇——《金陵全书》的正式启动积蓄了力量，也为“南京学”的建立奠定了坚实的基础。

“南京稀见文献丛刊”是中华历史文化的一个重要组成部分，也是世界文化遗产的一个重要组成部分。它已经走过了十余年，还将继续一路向前走去。

四、构建图书出版体系

南京是中国著名历史文化名城，四大古都之一，享有“六朝古都”“十朝都会”的美誉，有近2500年建城史，约450年建都史。自公元229年孙权定都建业（今南京），开创南京的建都史，1700年来，南京以其独特的地理位置，在中华文化史上或扮演了独领风骚的角色，或肩负了续绝存亡的重任，或担当了推陈出新的使命。南京在中华文化的历史长河中创造了一个又一个辉煌，成为中国文化的高原。在这片高原上，涌现出了一位又一位大师巨擘，产生了一座又一座文化高峰，诞生了一部又一部传世之作。清朝康熙大帝称赞南京："东南财赋地，江左人文薮。"据不完全统计，南京保存下来的文献、典籍有近万种，这是列祖列宗留给我们的宝贵精神财富，也是我们今天传承弘扬南京优秀历史文化的"压舱石"和"奠基石"。

（一）必要性和迫切性

自1949年新中国成立以来，尤其是改革开放40年来，从政府到社会各界对于南京优秀历史文化的传承弘扬方兴未艾，出版了一系列作品，取得了可喜的成就。规模最大的是中共南京市委、市政府于2009年正式启动的南京市重点文化工程《金陵全书》的整理出版工作。该项目由南京出版社牵头，联合南京市地方志编纂委员会办公室、南京市档案局、南京图书馆，以及国内外的相关图书馆和档案馆，将南京历代流传下来的作品分为"方志""文献""史料""档案"四个系列，进行全面、系统、完整地整理并影印出版，至2021年6月，已出版320册。预计全部出齐可达500册，还需要8年时间。

其次是自2006年起，由南京出版社策划，联合南京市地方志编纂委员会办公室、南京市规划局、中山陵园管理局、侵华日军南京大屠杀遇难同胞纪念馆等单位，选取南京历史上的珍贵文献，采用点校的形式，将历史典籍普及化，整理出版了"南京稀见文献丛刊"点校本，到2021年6月底为止，已经出版了74册115种，时代上起六朝，下迄当代，在学术普及方面做出了一定的贡献。

上述成果在挖掘、整理、弘扬南京优秀历史文化方面起到了开拓和引领作用，产生了良好的社会反响，得到了社会各界的普遍赞誉。同时，我们也应该清醒地认识到，其阅读对象还仅仅局限在某一类人群，出版主题还仅仅停留在某一个领域，出版内容还不完全符合优秀传统文化的标准，而且出版整理工作还很不充分也不平衡，未能全面、系统、立体地展现南京优秀历史文化，发挥其应有的资政、存史、教化、育人、怡情、养性等功能。

习近平总书记在系列讲话中指出："中华民族在几千年历史中创造和延续的中华优秀传统文化，是中华民族的根和魂。"2017 年，中共中央办公厅、国务院办公厅印发了《关于实施中华优秀传统文化传承发展工程的意见》，首次以中央文件形式推动延续中华文脉，传承中华文化基因。此后，江苏省委也出台了《江苏省实施中华优秀传统文化传承发展工程工作方案》。

如今，在进一步培育和践行社会主义核心价值观，以及南京申报"世界文学之都"和南京明城墙申报世界文化遗产的过程中，为了更好地传承弘扬南京优秀历史文化，并对其进行创新性发展、创造性转化，以便更好地满足广大人民日益增长的美好生活需要，建立以"南京"为中心的"中华优秀传统文化出版体系"显得十分必要和迫切。

（二）出版体系"三要素"

构建"南京优秀历史文化出版体系"，必须要具备以下三个要素：

第一个要素是"南京"。顾名思义，出版的图书作品要与南京有关联。我们认为必须具备下列四个条件之一：

首先，内容是写南京的。如唐朝许嵩《建康实录》，宋朝曾极《金

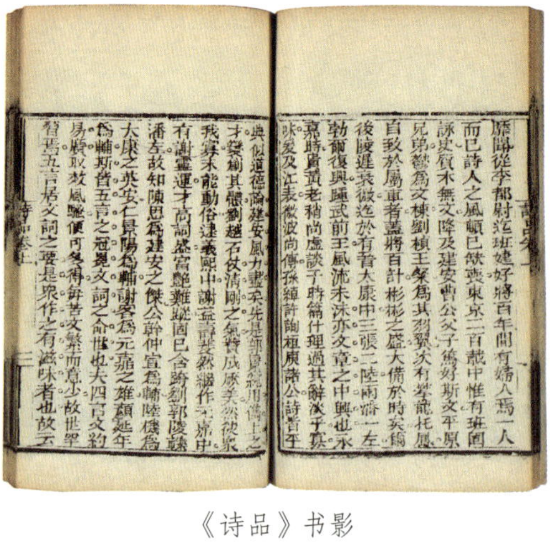

《诗品》书影

《丹凤街》书影

陵百咏》、周应合《景定建康志》、张敦颐《六朝事迹编类》，明朝礼部《洪武京城图志》、陈沂《金陵古迹图考》、葛寅亮《金陵梵刹志》、顾起元《客座赘语》，清朝顾炎武《建康古今记》、甘熙《白下琐言》、陈作霖《金陵琐志》、孔尚任《桃花扇》、曹雪芹《红楼梦》，民国潘宗鼎《金陵岁时记》、张惠衣《金陵大报恩寺塔志》、张恨水《丹凤街》，以及金陵关税务司《金陵关十年报告》等。

其次，作品是在南京编写的。如六朝葛洪《抱朴子》、法显《佛国记》、萧统《昭明文选》、刘勰《文心雕龙》、沈约《宋书》、钟嵘《诗品》、周兴嗣《千字文》，明朝解缙等《永乐大典》、茅元仪《武备志》，清代李渔《芥子园画谱》、吴敬梓《儒林外史》、谭嗣同《仁学》等。

再次，作品是在南京刻印的。如明朝吴承恩《西游记》、冯梦龙《警世通言》、李时珍《本草纲目》、胡正言《十竹斋书画谱》，以及清末民初金陵刻经处刻印的《百喻经》等佛教典籍。

最后，作者是南京人。如南朝陶弘景《本草经集注》，明朝刘智《天方至圣实录》《天方性理》《天方典礼》，民国唐圭璋《全宋词》。

第二个要素是“优秀传统文化”。南京优秀历史文化是中华优秀传统文化的重要组成部分，它存在于物质文化遗存中，存在于传世文献典

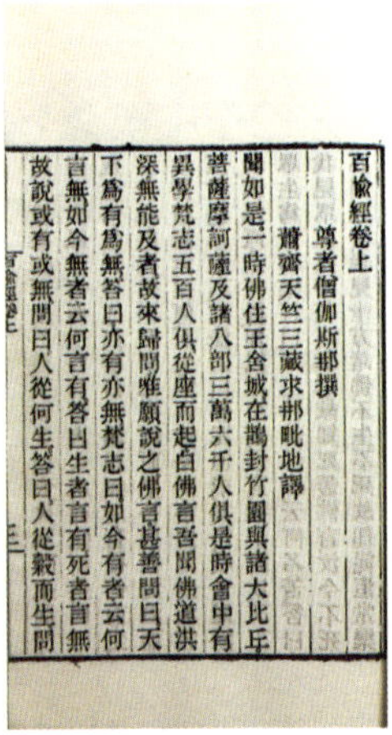

百喻經卷上
尊者僧伽斯那撰
蕭齊天竺三藏求那毗地譯
聞如是一時佛住王舍城在鵲封竹園與諸大比丘
菩薩摩訶薩及諸八部三萬六千人俱是時會中有
異學梵志五百人俱從座而起白佛言吾聞佛道洪
深無能及者故來歸問唯願說之佛言甚善問曰天
下爲有爲無答曰亦有亦無梵志曰如今有者云何
言無如今無者云何言有答曰生者言有死者言無
故說或有或無問曰人從何生答曰人從穀而生問

《百喻经》书影

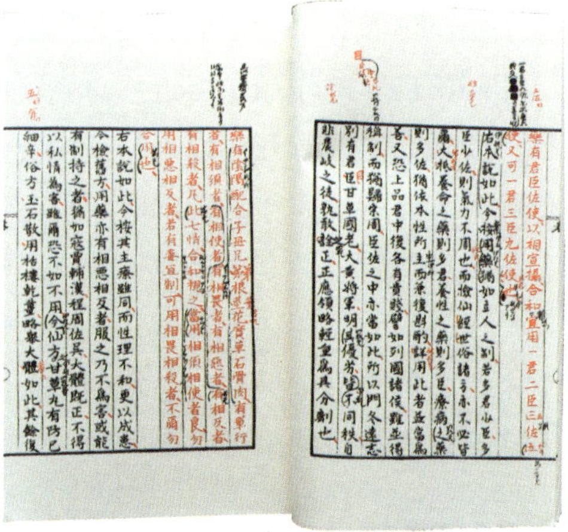

《本草经集注》书影

籍中，存在于人们的精神世界里。优秀传统文化是中华民族的血脉，层次丰富，内涵宽广，既是培植中华民族文化自信的沃土，也是发展中国特色社会主义的活水源泉。它能够让人们从中寻找到智慧，加深对家国的文化认同，进而在通往未来的道路上更加自信。因此，大力传承弘扬优秀传统文化，对于社会主义政治文明、精神文明、物质文明、制度文明和生态文明建设具有重要的推进作用。

从出版的角度来看，传承有序的传统文化载体，就是传世文献典籍。南京历史上留存下来的经史子集、方志档案、诗词歌赋、琴棋书画等作品，经过了时间的检验，凡是推动社会进步、富有启迪价值的——通俗地讲，凡是传播正能量的传世作品，无不是中华优秀传统文化的一分子。传承弘扬中华优秀传统文化，使之成为我们面向未来的文化内核，阅读经典是一条极其重要的途径。

第三个要素是“出版体系”。“优秀传统文化”是内容，“出版体系”是形式。内容决定形式，形式反过来又对内容起反作用。优秀传统文化必须要通过创新形式来展现，才能发挥更大的效应。“出版体系”不是一个简单的出版工作，它是建立在常规出版工作之上的一个系统工程。建立一个富有创新的出版体系，不仅能够有效整合资源，使中华传统文化的出版循序渐进、有条不紊、规范合理，而且可以有效避免重复出版、无序出版、跟风出版、平庸出版和浪费资源，从而多出“思想精深，艺术精湛，印制精良”的作品。习近平总书记在文艺工作座谈会上的讲话中有这样一段话：“改革开放以来，我国文艺创作迎来了新的春天，产生了大量脍炙人口的优秀作品。同时，也不能否认，在文艺创作方面，也存在着有数量缺质量、有‘高原’缺‘高峰’的现象，存在着抄袭模仿、千篇一律的问题，存在着机械化生产、快餐式消费的问题。”从某种程度上来说，习总书记提到的存在的三个问题中的“机械化生产”，就隐含着缺乏行之有效的出版体系。

（三）出版体系的“四梁八柱”

习近平总书记在党的十九大报告中指出，“中国特色社会主义进入新时代，我国社会主要矛盾已经转化为人民日益增长的美好生活需要和不平衡不充分的发展之间的矛盾”，“满足人民过上美好生活的新期待，必须提供丰富的精神食粮”。中华优秀传统文化的创造性与创新性发展，既是当下中国进行文化建设的重要内容，也是中国文化走出去、增强自身竞争力和国际话语权的重要前提。因此，建立相应的“出版体系”已经是迫在眉睫的任务。

基于南京优秀历史文化的丰富性、全面性和系统性，结合不同层次读者的需求，以南京为中心的“优秀传统文化出版体系”必须做到全方位、多层次、宽视角、高站位，才能展示南京文化的丰厚底蕴和魅力。在这个体系中，既要有阳春白雪，也要有下里巴人；既要有专家学者钟爱的原典，也要有大众喜爱的普及读物；既要有传统形式（包括数字形式）的图书，也要有缤纷多姿的文创产品。

南京出版社通过对已出的南京传统文化图书进行调研分析，认为“以南京为中心”的“优秀历史文化出版体系”（也可以称作“‘南京学’出版体系”）应由文献档案、辞典图录、学术专著、大众普及读物、文教图书和文创产品六个层次的图书（文创产品）构成，形成一个自上而下、由深及浅、互相支撑的“六位一体”金字塔状的出版体系。具体可以用“六度”来概括。

第一个层次：“文献档案”有浓度

在“六位一体”的出版体系中，“文献档案”处在金字塔体系的顶端，属于最上一层。这个层次的图书，立足原创和原典，涵盖方志、文献、史料、档案各门类和文史哲各领域，为其他五个层次提供最原汁原味的、富有浓度的文本，同时也决定了其他五个层次的发展规模、质量和水平。诚如南朝刘勰《文心雕龙》所言：“夫经典沉深，载籍浩瀚，实群言之奥区，而才思之神皋也。”即经典的内容深厚，书籍的数量十分丰富，确实是各种言辞的渊薮、启迪才思的宝库。

《中山陵档案》书影

文献档案的挖掘、整理，是弘扬南京优秀历史文化的基础，需要我们对丰富的南京历史文化资源进行系统的梳理，在摸清家底后，才能左右逢源、循序渐进地推出相应的作品。截至2021年6月，南京出版社先后出版了《金陵全书》320册、“南京稀见文献丛刊”74册、《中山陵档案》15册、《中国战区受降档案》12册、《南京大屠杀档案》20册、《南京长江大桥档案》2册、“文学之都经典文库”4册、“雨花英烈史料丛书”、《南京近代民族工商业档案》和“渡江胜利文献档案丛书”等。

第二个层次：“辞典图录”有厚度

“辞典图录”有厚度即选取南京优秀历史文化中的热点和亮点，邀请全国一流的专家，编写出版一批有学术厚度的精品力作。已经出版的有《南京辞典》《南京大百科全书》《中国南京云锦》《中国云锦图典》《南京大屠杀辞典》《南京地名大全》《南京野花图鉴》《铭文天下：南京城墙砖文》等。我们还需要就辞典和图录的出版进行系统的设计，推出《雨花英烈辞典》《南京名人辞典》《南京名著辞典》《南京建筑辞典》《南京动植物辞典》《南京方言辞典》《南京非遗图典》等。

第三个层次：“学术专著”有深度

学术著作是具有永恒生命力的人类记忆和科学结晶。南京文化要自

“文学之都”经典文库（第一辑）书影

《中国南京云锦》书影

《铭文天下：南京城墙砖文》书影

信自强，首先是学术思想要创新，学术著作要繁荣，学术地位要提升。没有学术上的发言权和相应地位，就不可能在国内乃至国际上产生影响力。因此，有必要针对南京是“六朝古都”“十朝都会”的特点，按照近期、中期和长期三个时段，制订相应的出版规划，组织国内外的专家学者，对南京历史文化进行系统的深入的研究，出版一批富有思想底蕴和人文传统的作品。除了已经推出的“六朝文化丛书”“明朝文化研究丛书”“十朝故都文化丛书”，以及《南京通史》《南京城墙志》《中山陵志》《钟山志》外，还可以推出专题性的《南京全史》（包括《南京政治史》《南京经济史》《南京对外交流史》《南京文化史》等），以及《秦淮河志》《玄武湖志》《雨花台烈士陵园志》《总统府志》等。

“六朝文化丛书”书影

《南京通史》书影

“品读南京丛书”书影

“南京地标丛书”书影

第四个层次：“普及读物”有广度

弘扬优秀传统文化，要以人民为中心，要秉持“人民至上”的价值取向。前三个层次侧重于提高，针对的读者群相对较小。对于普通的读者，需要通俗易懂的读物。毛泽东在《在延安文艺座谈会上的讲话》中指出：“在普及的基础上提高，在提高的指导下普及。”既要“锦上添花”，更要“雪中送炭”。因此适宜大众阅读的普及读物具有广泛的读者基础。如“品读南京”丛书、“南京地标”丛书、“南京印象”丛书、“南京不会忘记”丛书、“文化南京”丛书、“可爱的南京”丛书、“我爱南京”丛书等；我们还可以推出“南京学”丛书、“南京名人”丛书、“南京山水城林”丛书等。

第五个层次：“文教图书”有黏度

弘扬优秀传统文化，要贯穿国民教育始终，尤其要从娃娃抓起。前四个层次，我们目标对象是成年读者。这一层次针对的是幼儿园的孩子、中小学生。我们要围绕立德树人根本任务，遵循幼儿园孩子和学生的认知规律与教育教学规律，把中华优秀传统文化全方位融入中小学乃至幼儿园的思想道德教育、文化知识教育、艺术体育教育、社会实践教育各环节，以幼儿、小学、中学乡土教材出版为重点，采用绘本、童谣、儿

“南京大屠杀国家公祭读本”（小学版、初中版、高中版）书影

歌、动画、二维码扫描等少儿喜闻乐见的形式，编写出版系列立意高远而又接地气的优秀传统文化乡土教材，做到学生爱读、教师爱用、家长爱看。《快乐歌——道德学习童谣》、《南京大屠杀国家公祭读本》（小学版、初中版、高中版）、《璞石成玉的秘密——孩子们心中的社会主义核心价值观》、《问道——中学生心中的社会主义核心价值观》以及《我们的节日》走进南京乃至江苏的中小学课堂，就是成功的案例。我们还可以继续编写出版《最爱是南京——南京的诗歌》《南京历史》等文教图书，进一步培养少儿爱家乡、爱南京、爱祖国的感情。

《中华传统节日》书影

第六个层次：“文创产品”有温度

将南京优秀历史文化物化成一件件文创产品，让优秀传统文化活起来，“飞入寻常百姓家”，使读者一见倾心，乐于购买，同样可以起到“润物细无声”的效果。如“《南京成语故事》书·茶组合”、“《南京传世名著》书·茶套装”、“南京旧影·老地图”系列、《南京传世

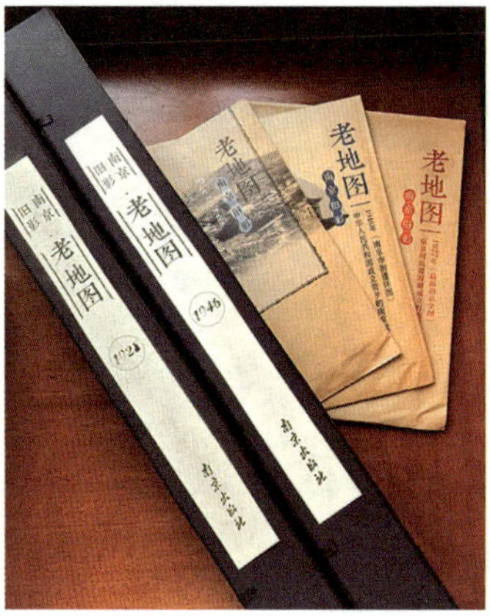

“南京旧影·老地图”

《诗国南京》笔记本

《世界文学之都》笔记本

名著》笔记本、《诗国南京》笔记本、《世界文学之都》笔记本、“南京 24 部传世名著”书签、“南京传世名著·飞入寻常百姓家”手拎袋等。

上述“六位一体”的“六度”出版体系，相互独立，互为补充，缺一不可。这一体系的建立，对于以文本形态和数字形态出版“代表国家意志，体现最高学术水准，传承历史文化，展现当代风采，适宜国际传播”的作品，彰显南京优秀历史文化在中华文明史上的地位和贡献，积累、传播南京优秀历史文化并发掘其当代价值，提振南京人民的文化自信，推动全民阅读，培养具有家国情怀的南京市民，推进南京文化走出国门，都具有现实指导意义。

五、加强文化遗产的保护传承

“古都”与“文化”交融是南京城市的最大特色，丰富和珍贵的文化遗产资源，使得南京在现代世界名城中展现着独特魅力与不凡性格。在社会快速发展的今天，传承和弘扬南京优秀历史文化内涵，保护与继承南京优秀文化遗产，对于促进中华文明的不断创新、发展中国先进文化，构建文化自信，实现我国国家发展战略目标具有重大的现实意义和深远影响。

（一）物质文化遗产的保护和传承

南京作为六朝古都，十朝都会，拥有着极其丰富的物质文化遗产资源。截至 2018 年底，南京共有世界文化遗产 1 处；市级以上文物保护单位 516 处、保护点 587 个，其中全国重点文物保护单位 40 处、保护点 103 个、省级文保单位 109 处、保护点 116 个；市级文物保护单位 358 处，保护点 368 个，区级文物保护单位 325 处，不可移动名录 1589 处；拥有国家级历史文化名镇（村）高淳淳溪镇、江宁杨柳村、高淳漆桥镇，国家级历史文化街区颐和路和梅园新村[①]。总体看来，拥有近 2500 年建城史的南京，历史悠久，文化璀璨，在历史的长河中保存下来的文化遗产资源异常丰富，传递着这座城市的魅力与勃勃生机，共同构成了南京优秀历史文化的独特内涵与重要组成。为积极保护南京优秀的物质文化遗产，在新时代，传承与弘扬南京优秀历史文化精神与内涵，建议从

颐和路公馆区鸟瞰

① 叶南客主编：《南京市经济社会发展蓝皮书（2018—2019）》，南京出版社 2018 年版。

以下几个方面加强物质文化遗产保护与传承工作。

首先，适时加强文物保护基础性工作，制定法律法规和保护规划，确保文物安全。南京地上古建、地下文物资源十分丰富。近年来，南京根据国务院办公厅、国家文物局等相关指示精神，先后制定、颁行了《南京市历史文化名城保护条例》《南京城墙保护条例》《南京市文物建筑修缮工程管理办法》等地方性法规和政府规章。2015 年 10 月、2016 年 8 月，江苏省政府分别公布了《南京明故宫遗址保护总体规划》《南京城墙保护条例》。此外，南京市高度重视地下文物的保护和管理，正式出台了《南京市地下文物保护条例》，确保地下文物安全及相应考古调查、勘探、发掘工作的规范化。总体看来，随着相应保护规划的制定与颁行，确保了文物安全，为文物进一步活化与利用提供了保护方案与设计依据，标志着南京文物保护工作迈入了新阶段。建议扩大文物保护规划条例与法规的制定范围，依法制定各文保单位的保护规划条例及法规，积极推进如南朝石刻、南唐二陵、明孝陵、浡泥国王墓、龙江船厂等一

南唐二陵外貌

批全国重点文物保护单位和省级文物保护单位保护规划的编制工作，确保文物安全。

其次，推动文化遗产保护数字化工作，促进文化遗产精细化管理，塑造城市特色。近年来以大数据、物联网、云计算、人工智能、虚拟现实等为主的新兴技术，不仅广泛地应用于科技尖端行业，数字化、信息化、智慧化的技术与手段也在文化遗产保护、管理、传承等多方面发挥着越来越重要的作用，促进了优秀历史文化遗产焕发出新的活力。2018年10月，由中共中央办公厅、国务院办公厅印发了《关于加强文物保护利用改革的若干意见》，指出将文化遗产保护利用关键技术研究与示范纳入国家重点研发计划，充分运用互联网、大数据、云计算、人工智能等信息技术，推动文物展示利用方式融合创新。文化遗产蕴含着丰富的历史价值与文化内涵，文化遗产保护与数字化技术的开展与应用，是探索文化遗产数字化保护管理模式的重要路径。通过立足世界文化遗产保护与管理标准，提升文物保护管理的信息化、规范化、精细化和智能化水平，搭建集科学性、创新性、前瞻性、先进性、可持续性、可操作性于一体的文化遗产保护管理之路，是提升文化遗产综合管理水平，塑造城市文化特色的重要内容，也是促进数字化技术与传统文物保护相结合，更好地满足新时期文化遗产传承与发展需求的重要路径。

再次，大力推进“中国明清城墙”“海上丝绸之路”等联合申遗项目，打造南京城市文化名片。南京城墙不仅是南京地面现存体量最大的文物，也是整个南京城市的筋骨，更是南京人的血脉记忆与不可缺少的精神家园，在南京城市发展史上具有突出重要的价值与意义。作为世界上现存最长、规模最大、保存最好的城市城墙，南京城墙与陕西西安城墙、浙江临安台州府城墙、湖北荆州城墙、湖北襄阳城墙、安徽寿县城墙、辽宁兴城城墙及安徽凤阳明中都皇城城墙，作为系列遗产共同组成了“中国明清城墙”联合申遗项目，并于2006、2012年两次被国家文物局列入《中国世界文化遗产预备名录》，南京也于2014年被确定为“中国明清城墙”联合申遗牵头城市。此外，南京参与的“海上丝绸之路申

中华门鸟瞰

遗”工作也在稳步推行，天妃宫、静海寺、宝船厂等遗址是组成“海上丝绸之路”重要遗产价值的遗产点。作为人类共同的文化遗产，无论南京城墙或是海上丝绸之路各遗产点，均是人类文明的特殊历史见证，彰显出南京独特的文化魅力与历史底蕴。我们建议大力推进以南京城墙为首的“中国明清城墙”联合申遗项目，及“海上丝绸之路”申遗项目，推动申遗各项工作的稳步开展，打造南京城市文化名片。同时围绕文化遗产传播与传承等主题，大力开展文化遗产推广活动，让南京城墙、海上丝绸之路等文化遗产深入南京市民生活，形成共建、共赢的发展趋势，提升南京城市文化影响力。

最后，积极做好文化遗产活化利用工作，推动文化遗产可持续发展。按照习近平新时代中国特色社会主义思想，全面贯彻落实中央办公厅、国务院办公厅印发的《关于加强文物保护利用改革的若干意见》。新时代文化遗产活化利用是文化遗产保护与传承的重要内容，文化遗产只有在活化利用的过程中才能实现可持续发展。因而，建议在确保文物本体

静海寺

安全的基础上，兼顾保护与利用两者发展与平衡，积极推动文化遗产活化利用，通过引进先进的数字化技术、国际接轨的文化遗产理念等，加大文化遗产活化利用，真正让“文物”活起来。同时，从国际化的视角平衡“可持续发展”中遗产、人和环境之间的关系，积极探讨文化遗产活化利用的实现途径，推动文化遗产可持续发展。

（二）非物质文化遗产的保护和传承

非物质文化遗产是一个和民族与民族国家紧密联系的概念，保护非物质文化遗产对于继续弘扬中华民族优秀传统文化和我国当代文化创新发展具有重要的战略意义[①]。随着全球化趋势的增强，我们一方面告别了古老的农耕传统，迅速追赶西方的科技与工业文明，另一方面，社会

① 王文章、陈飞龙：《非物质文化遗产保护与国家文化发展战略》，《华中师范大学学报》（人文社会科学版）2008 年第 2 期。

与经济急速发展，非物质文化遗产的生存、保护和发展面临着许多的问题与挑战。南京作为我国历史文化名城，保存有深厚的历史文化积淀。2018年5月，国家文化和旅游部下发了《关于公布第五批国家级非物质文化遗产代表性项目代表性传人的通知》，“南京白局”“南京云锦织造技艺”“金银细工制作技艺”“古琴艺术（金陵琴派）”各有一位传承人入选，截至2018年南京市的非遗传承人数增至12位[①]。然而，在社会高速发展的今天，如何平衡社会转型及发展与非物质文化遗产保护之间的平衡？如何让优秀的非遗文化遗产传承、发扬下去？如何在新时期社会发展进程中，挖掘非物质文化的遗产价值，让传统的非物质文化遗产在新时代焕发生机？基于此，我们认为，非物质文化遗产的保护与传承应秉承以下基本路径。

首先，积极推动立法，加大财政投入，为保护非物质文化遗产提供根本保障。立法是保护非物质文化遗产的基础，南京是全国通过非遗保护条例较早的城市，早在2006年9月江苏就已通过了《江苏省非物质文化遗产保护条例》，对非物质文化遗产进行立法保护，这意味着南京市域的非遗保护纳入法制化、规范化轨道。未来建议进一步推动国家、省、市等各级非遗立法工作，以法律形式规定无形文化资产的范畴，并将非遗确立为国家法律保护的对象。同时，根据国务院办公厅《关于加强我国非物质文化遗产保护工作的意见》的相关精神，将非遗保护所需经费列入本级财政预算，加大财政投入力度，建立专项非遗资金，资助非遗保护队伍的培训与活动，维持传统文化生态区，为非遗的宣传、教学、研究及“申遗”工作提供基础保障，确保非遗保护工作稳步开展。

其次，动态传承与静态保护结合，利用数字化手段，打造“与时俱进”的非物质文化遗产保护模式。任何一种非物质文化遗产都是活态化的，是发生变化的，因而“与时俱进”是非遗保护传承的重要模式与途径。

① 叶南客主编：《南京市经济社会发展蓝皮书（2018—2019）》，南京出版社2018年版。

云锦大花楼木织机

建议采用动态传承与静态保护相结合，利用数字化多媒体及先进的影音技术，对非物质文化遗产进行真实、全面、系统的记录，并对非遗传承人进行口述采访，归档储存，积累第一手的数字化资源，建立完整的非遗档案资源信息库，为非遗静态保护奠定坚实基础。另一方面，人是非物质文化遗产的载体，也是非遗动态传承的关键，通过对非遗传承人、非遗保护工作人员进行定期培训，提高从业技能，并通过学校教育和社会教育相结合方式，为非遗传承与保护提供有力保障。此外，建议向世界非遗保护传承强国看齐，提高非遗传承人经济与社会地位，赋予具有特殊技艺的非遗人才“国宝”般地位，推广工匠精神，确保非物质文化遗产在原生状态下顺利传承与传播。

再次，保护为主，合理利用，积极发掘非物质文化遗产价值资源，讲好“南京故事”“中国故事”。国务院办公厅《关于加强我国非物质文化遗产保护工作的意见》中，提出“保护为主、抢救第一、合理利用、

江南织造生产的云锦

传承发展”的非遗保护方针，明确指出正确处理保护和利用的关系，在有效保护的前提下合理利用非物质文化遗产。建议从内涵丰富的非物质文化资源中积极汲取养分，发掘非遗资源并加以合理利用，不断发展创新，大力学习、借鉴国内外优秀的创意经验，立足自身遗产价值特点，讲好“南京故事”“中国故事”。此外，对非遗资源保护与创新利用进行分类对待，针对有条件的非遗资源建议走产业化、市场化的路子，开发相应的文化创意产品等，通过适度的开发利用促进非遗的更好传承与发展。

最后，文旅融合，将丰富的非物质文化遗产资源转化为珍贵的旅游资源，构建新的文化生态。非遗是旅游业发展的重要资源，不仅能为旅游景区增加旅游项目，带来直接的经济效益，并且也是文化审美创造与消费的过程，能为非遗发展提供更宽广的传承土壤，因而，旅游业发展与非遗保护与传承相辅相成。建议在文旅融合大背景下，将丰富的非物质文化遗产资源转化为旅游资源，做好非遗资源的活化利用。并且，积极利用节庆、民俗活动等，对非遗活动进行推广与传播。比如，利用南京城墙文化遗产优势，在南京城墙等景区开辟民间文化长廊，恢复“正月十六登城头”等传统习俗，让传统的民俗活动与现代人生活重新融合在一起。通过非遗资源的转化与推广、传播，从而构建新的文化生态，增强民族自信心。

综上所述，文化遗产是人类可持续发展的重要组成部分，也是现代城市发展、前进的基本立足点。新时代为文化遗产的保护与传承提出了新的挑战，也创造了新的机遇，文化遗产保护与传承应积极立足保护，做好文化遗产活化利用，努力“让收藏在禁宫里的文物、陈列在广阔大地上的遗产、书写在古籍里的文字都活起来”。

六、建立对外传播交流的新格局

南京位于长江下游，地处南北交汇和通江达海之地，是我国著名的古都和历史文化名城。在历史上，南京载浮载沉，各种文化在这里碰撞、交锋、交融，铸就了南京包容开放、海纳百川的城市性格。

（一）对外交流的历史

南京是一个开放包容、海纳百川的城市，在2500年的建城史上，先后有东吴、东晋、宋、齐、梁、陈、南唐、明、太平天国和中华民国十个王朝或政权在这里定都，时间长达450年。十个王朝或政权定都南京时期，南京作为交流的主体和中心，对外交流实际上代表着国家意志，其高度、深度、广度无可比拟；而在不是都城的2000余年里，南京往往是中华文化对外交流的门户和窗口。南京历史上对外交流互鉴的鼎盛期当属于六朝时期、明朝时期、晚清民国时期和新中国成立以来。

1. 六朝时期

魏晋南北朝时期，南方的孙吴、东晋和南朝的宋、齐、梁、陈相继以建康（孙吴时期称建业，今南京）为都城，时间长达300多年，不仅促进了江南经济的开发，而且保存并推动了中华文明向前发展。

这一时期，南北对峙，六朝政权的陆上对外交往路线受到限制。随着航海技术的进步，特别是印度洋上贸易的兴起，六朝政权的海上交通

玻璃杯（南京象山7号墓出土，东晋）东罗马帝国时期的产品

玻璃碗（东晋高悝墓出土），东罗马或波斯萨珊王朝的产品

能力大大增强，成为对外交往的主要途径[①]。六朝都城建康与国外的交流比秦朝咸阳、汉朝长安均有更大的发展。东亚的高句丽、百济和新罗（今朝鲜半岛）以及倭国（今日本），东南亚的扶南（今柬埔寨），南亚的五天竺（包括笈多王朝，今印度）、狮子国（今斯里兰卡），西亚的波斯（萨珊王朝，今伊朗），中亚的大月氏（贵霜王朝）和昭武九姓诸国，以及西方的大秦（罗马帝国和拜占庭帝国）等，都通过海路或陆路与当时的六朝都城建康发生交流。建康成为当时我国对外交流的中心之一。交流的内容涉及政治、经济、文化等各个方面。这种国与国（或地区）之间的交流，基本上都是和平交流、务实交流。就国外来访的人员来看，有王侯、官员、商贾、僧侣、留学生等；就建康出去的人员来看，有官员、学者、商贾、僧侣、工匠、画师等。

孙吴时期，建业充分利用自己的水上优势，加强同海外的交流。北起朝鲜半岛，南到南洋诸国，都有孙吴使臣和商人活动的身影。其中，

① 刘迎胜：《丝路文化·海上卷》，浙江人民出版社1995年版。

孙权派遣宣化从事朱应、中郎康泰等人出使南海诸国，到达林邑（今越南中部）、扶南（今柬埔寨）、南洋群岛等地。回国后，朱应著有《扶南异物志》，康泰著有《吴时外国传》，详细记载了这些国家和地区的历史地理和风土物产。东晋时期，高僧法显西行求法。他于 399 年从长安出发，到印度巡礼佛教胜迹，广罗佛典，经过 30 多个国家，后来泛海至狮子国（今斯里兰卡），停留两年后，随商船回国，在东晋义熙九年（413）到达都城建康，住进秦淮河畔的道场寺（今南京 1865 文化产业园），与印度高僧佛陀跋陀罗在道场寺共同译出《摩诃僧祇律》《方等泥洹经》《杂阿毗昙心》等。法显还在道场寺撰写了传世之作《佛国记》（又名《法显传》），这部书不仅是了解当时沿途佛教的珍贵文献，也是研究当时历史地理和文化状况的珍贵文献。

孙吴时期，海外的使节、商贾、僧侣等也往来不断。吴赤乌六年（243），扶南王遣使至建业（今南京），“献乐人及方物”，孙权专门在皇宫附近建造了一座“扶南乐署”，供“乐人”居住以教“宫人”[①]。中亚、印度、大秦等地的僧人、商人，也从海道来中国，转道至建业。大月氏人支谦从陆路经由武昌到达吴都建业，西域（指葱岭，今帕米尔高原以西一带）僧人康僧会从海上经过广州到达吴都建业，孙权为其建造的建初寺，成为江南第一寺。吴黄武五年（226），大秦商人秦论远涉重洋，到达交趾（今越南），经武昌到建业。东晋南朝时期，对外交往进一步扩大。当时，秦淮河中“贡使商旅，方舟万计”。刘宋时期，倭国国王赞遣使来建康，请回具有熟练技术的纺织、缝纫等技工[②]，促进了纺织、缝纫技术的发展。梁朝时期，朝鲜半岛的高句丽、百济等国频繁遣使来到建康，贡献方物，并请求赐给《涅槃》等经义，以及派遣毛诗博士、工匠、画师等前往百济，梁武帝答应了百济国的请求。吴郡人陆诩曾被派往百济讲学[③]。波斯帝国于梁中大通二年（530）“始通

①《六朝事迹编类》卷 7《宅舍门・扶南乐署》。
②《梁书》卷 54《诸夷传》。
③《梁书》卷 54《诸夷传》。

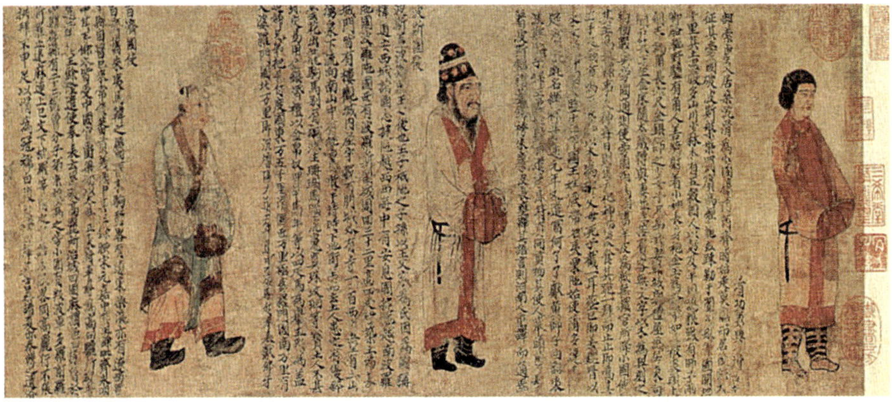

萧绎《职贡图》局部（宋摹本，中国国家博物馆藏）

江左，遣使献佛牙”[①]，此后又多次继遣使来献方物。遥远的拜占庭帝国也于东晋穆帝永和元年（345）至哀帝兴宁元年（363）遣使到建康。梁朝萧绎的《职贡图》真实地再现了当年波斯、倭国、百济等国使臣云集建康的盛况。

2. 明朝时期

公元1368年，朱元璋定都南京，建立大明王朝，南京第一次成为全国统一的政治、军事、经济、文化中心。

明朝建立后，朱元璋一反元朝的四处用兵政策，采取对外睦邻友好政策。洪武元年（1368）十二月，首先派使臣出使高丽和安南，由此拉开了明朝对外交往的序幕。据统计，在洪武朝的31年间，明朝政府先后30次派使节对周边12个国家进行访问，有17个国家的使节先后135次访问中国；永乐年间，有60个国家的使节先后245次访问中国[②]。他还将对外睦邻政策写入他主持编写的《皇明祖训》中：“四方诸夷，皆限山隔海，僻在一隅，得其地不足以供给，得其民不足以使令。若其自不揣量，来扰我边，则彼为不祥；彼既不为中国患，而我兴兵轻伐，亦不祥也。吾恐后世子孙以中国富强，贪一时战功，无故兴兵，致

①《南史》卷79《夷貊传下》。

②王天有、高寿仙著:《明史：多重性格的时代》，中信出版集团有限公司2017年版。

浡泥国王墓

伤人命，切记不可。”

明朝的对外睦邻友好政策取得了积极的反响，周边诸国不断遣使朝贡。《明太祖实录》卷 47 记载：“洪武初，海外诸番与中国往来，使臣不断。”在洪武、永乐和宣德朝，一些国家的国王也纷纷前来南京访问，如浡泥（今文莱）、满剌加（今马六甲）国王等[①]。明永乐六年（1408）秋八月，浡泥国王麻那惹加那乃偕其妻、子、弟、妹、亲戚和陪臣共 150 余人远涉重洋，前来中国进行友好访问，在南京受到明永乐皇帝朱棣隆重的接待。同年十月，国王忽染急病，经太医会诊抢救无效，病故于会同馆，年仅 28 岁。去世前，留下遗言，希望“体魄托葬中华”。明成祖朱棣满足其遗愿，以王侯之礼将他厚葬于南京城南的石子岗，谥恭顺王，并派人世代守墓，由此留下一段中文两国人民友好交往的动人故事。明永乐九年（1411），满剌加国王拜里迷苏剌率其妻子及陪臣

① 南炳文、汤纲著：《明史》（上），上海人民出版社 2008 年版。

540余人来访，来京朝见的当天就受到永乐帝的亲自设宴款待，而且赏赐极丰。此后，满剌加国王多次来南京访问，成为中外关系史上的一件盛事。与此同时，日本、高丽（今朝鲜半岛）、琉球（今日本冲绳）、暹罗（今泰国）等国，纷纷派遣留学生到南京国子监学习。

在对外推行睦邻友好政策的同时，明朝建立起与周边国家的朝贡体系，实施朝贡贸易。朝贡贸易以“贡物”和“赏赐”的方式进行，一般明朝政府赏赐的物品要远远多于外国使节带来的贡物。明朝政府还特许来中国朝贡的外国使节的船只携带一定数量的商货，在京城或指定的港口进行贸易。《明史·食货志》卷五记载：“海外诸国入贡，许附载方物，与中国贸易。因设市舶司，置提举官以领之。”最初在太仓设市舶司，后来改设泉州、明州（今宁波）、广州三市舶司。至于民间海外贸易，均被视为非法。

明朝对外交流的巅峰同时也是中国历史上对外交流的巅峰，当属于明朝郑和下西洋。在1405—1433年的前后28年间，著名航海家、外交家郑和（1371—1435）七下西洋，率领大明王朝的200多艘船航行在

《郑和下西洋航海图》（选自《古今对照郑和航海图》）

西太平洋和印度洋海域上，最远到达西亚和非洲东海岸，途经30多个国家和地区。他的航行比哥伦布发现美洲大陆早87年，比达·伽马早92年，比麦哲伦早114年。在世界航海史上，他开辟了贯通太平洋西部与印度洋等大洋的直达航线，是人类航海史上最伟大的壮举之一。宣德八年（1433）四月，郑和在印度西海岸古里（今印度卡利卡特）去世，终年62岁，赐葬南京牛首山。

北京宣武门堂（南堂）内的利玛窦雕像

明朝时期南京的对外交流，值得一提的还有意大利天主教会传教士利玛窦三次来南京，不仅在南京建造了第一座天主教堂，传播天主教，而且还带来了西方的科技文化，如自鸣钟、《坤舆万国全图》等。

《坤舆万国全图》（利玛窦绘制，南京博物院藏）

3. 晚清民国时期

清朝鸦片战争后，随着《南京条约》的签订，我国被迫对外开放。目睹了清廷腐败和西方先进的科技文化后，清末魏源提出“师夷长技以制夷”的思想，洋务派代表人物之一张之洞提出“中学为体，西学为用”的主张，“西学东渐”成为一股不可阻挡的潮流进入中国。随着1899年南京开埠，西方文化也蜂拥而入，深深地影响到南京这座古老的城市。

洋务运动时期，南京先后建立了金陵机器制造局、江南水师学堂、江南陆师学堂、矿路学堂等。西方教会在南京先后兴办了石鼓路天主堂、金陵大学堂、金陵女子大学、汇文中学、明德女子中学、马林医院等。

1927年国民政府定都南京后，聘请美国建筑师墨菲、古力治等，参酌欧美大都市的规划，制订《首都计划》，南京由此成为我国历史上第一个按照现代功能分区规划的城市。

民国南京的中外文化交流，更多地体现在对外来文化的吸收。国立中央研究院、国立中央博物院筹备处、紫金山天文台、北极阁气象研究所、中山陵、中央大学、中央医院、中央商场、中央饭店、中央体育场等，无论从建筑形式到功能、使命，无不受到西方文化的影响。

金陵机器制造局英国督办马格里

美国建筑师墨菲

4. 新中国成立以来

1949 年新中国成立后，到 1978 年改革开放前，南京的对外交流基本上是以政府间交流为主，服务于国家外交工作。

1978 年改革开放以来的 40 年，是南京打开城门、拥抱世界、融入全球的 40 年。在这 40 年里，南京的对外交流发生了巨大的变化，大致可以分为三个阶段。

第一阶段是虚心学习阶段。向其他国家尤其是发达国家学习，学习并借鉴先进的科学技术、管理经验等，改革传统的计划经济体制，尤其注重招商引资，通过吸引外资，加速发展南京的社会经济，加快建立社会主义市场经济体制。

第二阶段是学习与传播并重阶段。这一阶段，我国的经济、社会、文化发展取得了巨大进步，积累了宝贵的经验，在对外交往过程中，既招商引资，更注重招才引智；既向发达国家学习，又积极传播改革开放以来取得巨大发展的经验和做法。

第三阶段是重在传播中华文化阶段。这一阶段，我们的政治经济制度更加成熟完善、经济体量更加庞大、社会管理更加科学、人民生活更加富足，中国在国际上的地位与日俱增，中国的吸引力和影响力日益扩大，通过展现南京，让世界了解真实、立体、全面的中国，成为当务之急。因此，现阶段在经济交往过程中，我们应更加注重人文交流和传统文化的弘扬,我们走出去的目标对象不再仅仅集中于欧美主要发达国家，而要更加关注“一带一路”沿线国家。

值得一提的是，自 1979 年 11 月 2 日南京与美国圣路易斯市结为友好城市（Twin Cities）以来，截止到 2018 年 12 月，南京的友好城市和友好合作城市已有 81 个，遍及五大洲 47 个国家。南京与友好城市的官方和民间交流，不仅促进了南京经济的发展，而且为讲好中国故事南京篇章做出了一定的贡献。

（二）对外交流的新举措

不同国家国情不尽相同，只有构建人民之间交流的纽带，让人民从相识到相知，从相知到信任，从信任到密切合作，建立真诚的互利互信与合作共赢，才是国与国关系走向稳固的根基，更是南京走向世界的必由之路。

要将南京打造成为“影响力较大的国际文化交流城市”，必须利用并发挥我们的特长，这个特长就是优秀传统文化。我们要充分发挥南京文化底蕴深厚、资源禀赋独特的优势，以“文”为媒，通过喜闻乐见的文化艺术、丰富多彩的交流活动、家喻户晓的经典作品、闻名中外的文化遗产等，架起一座座沟通中外的桥梁，构建起全方位、多层次、多渠道、宽领域的对外交流传播新格局，唱响和平、发展、合作共赢的主旋律，构建人类命运共同体。

2018 年 8 月，习近平总书记在全国宣传思想工作会议上发表重要讲话，指出：“展形象，就是要推进国际传播能力建设，讲好中国故事、传播好中国声音，向世界展现真实、立体、全面的中国，提高国家文化软实力和中华文化影响力。”2021 年 5 月，习近平总书记在十九届中共中央政治局第三十次集体学习时的讲话中强调：“要更好推动中华文化走出去，以文载道、以文传声、以文化人，向世界阐释推介更多具有中国特色、体现中国精神、蕴藏中国智慧的文化。要注重把握好基调，既开放自信也谦逊谦和，努力塑造可信、可爱、可敬的中国形象。”让南京走向世界，让世界了解南京，必须要学会讲故事。南京的历史文化有说不完的故事，我们可以从以下几个方面来入手。

1. 展示优秀传统文化艺术

通过小红花艺术团、南京艺术团、南京杂技团、江苏昆剧院等精彩的表演，将戏曲、民乐、武术、杂技、茶艺、烹饪、医药、书法和国画等南京优秀历史文化艺术传承开来，让国外民众在轻松愉快地欣赏体验过程中，感受到南京优秀历史文化的魅力。

2020 年中国（南京）文化和科技融合成果展览交易会

2. 创建品牌交流活动

2021 年南京创意设计周开幕式

目前，南京对外开展的交流活动丰富多彩，影响较大的有：南京世界历史文化名城博览会、世界智能大会、2014 年夏季青年奥林匹克运动会、2018 市长国际咨询会议、世界知名城市“南京周”、“一带一路”国际文学论坛和媒体合作论坛、海外“欢乐春节”巡演，以及文物展览、书展、电影节、体育比赛等。在这些缤纷多彩的活动中，我们可以提炼出若干活动，进行重点打造，形成南京对外“走出去”“请进来”的一张张独特的品牌和名片。

3. 打造“金陵文脉翻译工程”

我们对外不仅要输出南京传统文化“四大件”——武术、中医、饮食、旅游方面的作品，还要输出当代一批优秀作家如苏童、毕飞宇、叶兆言、黄蓓佳等人的作品，走进国际文学舞台中心，讲述中国的精彩故事，介绍改革开放以来中国经济社会发展取得的巨大成就以及中国人民精神面貌发生的深刻变化，描绘中国的未来发展走向。

同时，我们更要精心挑选具有普世价值的南京传世名著，如《世说新语》《昭明文选》《文心雕龙》《永乐大典》《本草纲目》《儒林外史》《红楼梦》《桃花扇》等，邀请国外汉学家和海外出版机构翻译成各国文字，将金陵文脉传承开来，将南京精神、南京气质传播出去。

4. 加大文化遗产旅游推介力度

将南京最具代表性的文化遗产，如著名航海家郑和在南京的遗迹、世界文化遗产明孝陵、我国城市建设史上的巅峰之作明城墙、南京民国建筑的代表作中山陵、中国古代最大的科举考场江南贡院等，打造成南京的文化符号，推向世界，吸引更多的外国友人来南京旅游、参观和学习。

将南京非物质文化遗产的代表作，如经典民歌《茉莉花》、南京云锦织造技艺、雕版印刷技艺、秦淮灯彩制作技艺等，发扬光大，以文创作品的形式，销往海内外，让更多的外国友人能够直观地感受到南京文化遗产的魅力。

5. 讲好和平城市故事

南京在二战中饱受战争蹂躏，南京人民对和平倍加珍惜，多年来，南京这座城市为铭记历史、珍爱和平做了大量的工作，在国际上产生了一定的影响力。2017 年，南京成为世界上第 169 个国际和平城市、中国首座国际和平城市。2018 年 9 月 19 日，国际和平日纪念活动在南京举行，主题是“推动构建人类命运共同体，携手建设持久和平、普遍安全的世界”。习近平总书记高度关注，专门向纪念活动致贺信，指出：“中华民族热爱和平，中国人民深知和平之可贵，中国坚定不移走和平发展道路，永远是世界和平的建设者、全球发展的贡献者、国际秩序的维护者”。

早在成为世界和平城市之前，南京便围绕和平开展了一系列活动。

2014 年全国人大常委会确定每年的 12 月 13 日为南京大屠杀死难者国家公祭日，国家公祭日的设立，表明中国人民反对侵略战争、捍卫人类尊严、维护世界和平的决心。每年在南京侵华日军南京大屠杀遇难同胞纪念馆举办国家公祭活动，迄今已经连续举办了 7 年。

2017 年南京市成立了和平学研究所，并于 9 月 9 日—11 日举办了第十六届历史认识与东亚和平论坛。

每年 12 月 13 日前后，南京都要举行一系列的活动，如“南京国际安全区”公益徒步活动、“抗战家书”征集暨诵读活动、“世界和平法会”、“烛光祭”、“国际和平日活动”等。

与此同时，以南京出版社为代表，出版了一系列与和平相关的作品。文献档案类：《世界记忆名录：南京大屠杀档案》《拉贝日记》《魏特琳日记》《东史郎日记》等；学术研究类：挪威约翰·加尔通《和平论》、刘成《和平学》、朱成山《世界和平概况》、日本池尾靖志《和平学入门》、美国大卫·巴拉什和查尔斯·韦伯《积极和平》、陈仲丹《圣贤讲和》、英国艾伦·亨特《人类安全的挑战》、德国布劳赫等《全球化和环境挑战：21 世纪的安全观重构》等；大众普及类：《和平之声——20 世纪反战反核运动》《和平之困——20 世纪战争与谈判》《和平之殇——人类历史上的战争浩劫》《和平之愿——20 世纪冲突与瓦解》《和平之景——人类社会环境问题与生态保护》；教辅类：《南京大屠杀死难者国家公祭读本：血火记忆》（小学版）、《南京大屠杀死难者国家公祭读本：历史真相》（初中版）、《南京大屠杀死难者国家公祭读本：警示思考》（高中版）等。

和平是人类永恒的话题，我们要继续围绕和平，讲好中国故事中的南京篇章。

6. 建设“文学之都”

南京素有“天下文枢”美誉和崇文尚读的传统，人文荟萃，名人辈出。自古迄今，南京一直是中国文化的高原，涌现了无数的文学名篇巨制。2019 年 10 月 31 日，联合国教科文组织投票通过南京成为“创意城市网络·文学之都”。这是我国首座被联合国评为“文学之都”的城市。

“文学之都”LOGO

南京入选“世界文学之都”，为打造“创新名城，美丽古都”新南京增添了又一张国际新名片。利用这一资源，南京可以加强文学与文化创意人才培养，壮大创意人才队伍，激发文学及文化人才在产业与科技领域的跨界创造力。利用这一资源，南京还可

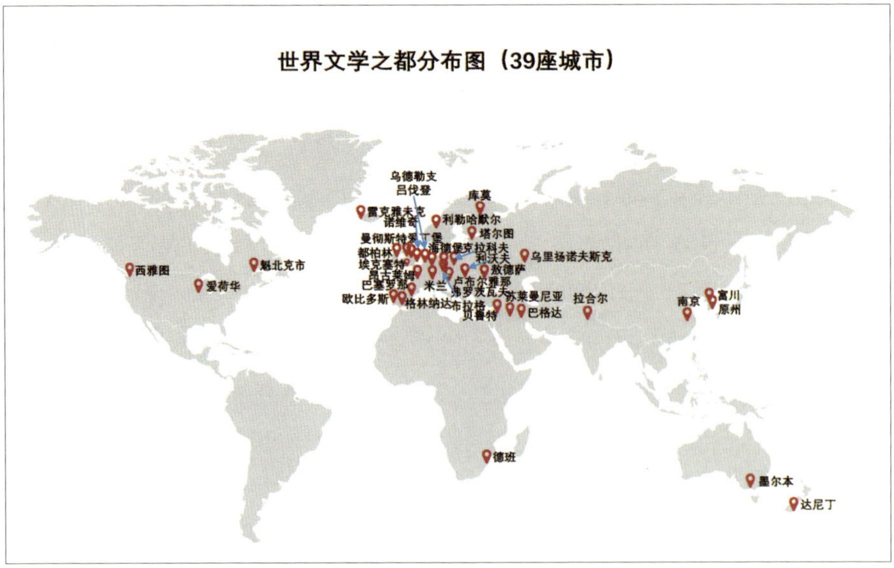

“文学之都”地图

南京代表团在巴黎联合国教科文组织总部

以学习借鉴全球城市文化和创意产业发展经验，为打造创新名城提供不竭的创造智慧与活力。与此同时，借助“文学之都”平台，南京可以通过更加广泛的国际合作，在全球“创意城市网络”中找准自身定位，强化互联互通，快速提升国际链接能力，为打造具有全球影响力的创新名城创造更好条件。借助“文学之都”平台，南京可以扩大与“创意城市网络”190多座城市的文化交流，吸引各国文学爱好者和文化人才在南京聚集。

2017年2月，中共南京市委宣传部牵头成立南京文学之都促进中心，专职负责申报和创建工作。在中国联合国组织全国委员会，以及中国12个“创意城市网络”兄弟城市的支持帮助下，南京分别于2018年4月和10月在巴黎联合国教科文组织总部成功策划开展了两次高端城市推广活动。2018年5月和2019年4月又连续两年承办联合国教科文组织的“‘一带一路’青年创意与遗产论坛”，每次都邀请“一带一路”

沿线60多个国家近200名优秀青年汇集南京，取得了明显的效果。如今，全世界共有39个“文学之都”。我们应该立足南京“文学之城”“阅读之城”“创作之城”和“传播之城”的特色定位，充分发掘其深厚历史底蕴和丰富文化资源，着力打造文艺创作高峰、汇聚文化人才高地，推动形成文化发展与交流的高原，致力于将南京打造成为世界最具影响力的“文学之都”。

（三）对外文化交流的启示

南京的对外文化交流史，特别是改革开放40年对外文化交流的成就给我们带来如下启示。

一是统筹好交流数量与交流质量的关系。当今时代推动中外文化交流互鉴，一方面是传播中华文化，另一方面是吸收外来文化，但核心是传播南京优秀历史文化。如果偏离了这一核心，交流的数量再多，规模再大，也失去了应有之义。因此，我们应该树立精品意识，始终把交流质量放在首位，让世界人民通过精美的文化交流活动和产品，透过南京了解到我国的过去和现在，增进对我国制度和道路的认识理解。

二是统筹好南京内容与国际表达的关系。目前，南京许多文化活动和产品，用国人的眼光来看均堪称精品，但是一出国门就变得曲高和寡，原因何在？我们认为，问题的根源就在于不善于国际表达，这无疑成为制约南京对外交流合作的瓶颈。因此，应有针对性地研究相关国家的历史、文化和习俗，用他们看得懂、能接受的国际表达方式，传播中华核心理念、传统美德和人文精神，使他们在不知不觉中接受南京优秀历史文化的熏陶。

三是统筹好对外宣传与对外传播的关系。在对外文化交流合作中，有些单位和部门往往从自身角度出发，传达自身主张，常常是“我要说什么”，而没有关注外国朋友想看什么、听什么、读什么。因此，我们应该把自身的主张和外国朋友的需求统一起来，不仅知道“我要说什么”，更倾听受众“要知道什么”“想知道什么”。习近平总书记多次强调：

“讲故事，是国际传播的最佳方式。”我们要利用各种文化载体，采用讲故事的形式，将南京的自然、历史、文化、人物、建筑、民俗等融入其中，让海外读者想看爱听，进而产生了解南京、认识南京的愿望。

四是统筹好政府与企业的关系。以往的文化交流基本上都是以政府为主体，官方色彩浓厚，交流的层面主要局限于官方层面，效果并不明显。中国有句古话：国之交在于民相亲，民相亲在于心相通。这里的心相通就是文化的相通，文化的交流、文明的互鉴。在当今时代，政府的主导作用依然重要，但是应该把工作的中心放在总体设计、政策扶持、资金投入方面。国营文化企业应是对外开展文化交流的主体，要激发企业的积极性、主动性，自觉把推进南京优秀历史文化走出去与国有文化企业做大做强的发展目标结合起来。同时，我们也不能忽视民营文化企业的作用，它们不具官方色彩，往往能够起到国营文化企业起不到的作用。所以，应建立由政府主导、以国有企业为主体、多种社会力量共同参与的对外文化交流体系。

五是统筹好守正与创新的关系。守正是基础，是前提，要守方向，守立场，守根脉，守底线；创新是动力，是活力。在交流形式上，一方面，积极走出去，向国外推介南京；另一方面，主动请进来，让国际友人来到南京、感受南京、了解南京。在交流媒介上，一方面继续利用传统的图书、报刊、电视、电影、广播等媒体，另一方面，充分利用新媒体和社交平台，制作微信、微视频进行网络传播。在交流内容上，既有传统的文化艺术，又有“和平城市讲和平故事”这样的新内容。在交流对象上，既有传统的日韩和欧美发达国家和南京友好城市，也要重点关注与“一带一路”沿线国家和地区的交流合作。这样我们在对外文化交流上才能适应新时代，展现新气象，实现新作为，为讲好中国故事南京篇章做出更多更大的贡献。

总之，我们要认清自身优势，找准自身定位，做出自身特色。有所为，有所不为。毋庸讳言，南京优秀历史文化走向世界的道路“既阻且长”，我们不能一曝十寒，更不能急功近利，而要持之以恒，坚持不懈。我们要有针对性地制订“南京文化走出去”的短期、中期和远期规划，循序渐进，积健为雄。在全媒体传播过程中，尤其要充分利用互联网新媒体，特别是社交媒体等网络平台，综合运用大众传播、群体传播和人际传播等方式，讲好南京故事，传播好南京声音，阐述好南京特色，展示好南京形象，将一个具有古都特色和创新活力的新南京呈现在世人眼前。

第四章 传承弘扬的保障措施

通过前文的分析可以看出，南京优秀历史文化的传承与弘扬是一项系统而宏大的工程，涉及延续文脉、阅读经典、整理典籍、图书出版、遗产保护、对外交流等多个方面，环环相扣，缺一不可。为了更为有效地推进这项工程的实施和开展，必须制定一系列切实可行的保障措施，才能确保南京优秀历史文化所蕴含的思想观念、人文精神、道德规范得到更好的传承与弘扬，具体如下。

一、加强组织领导

十九大报告指出："文化是一个国家、一个民族的灵魂。文化兴国运兴，文化强民族强。"优秀传统文化是一个国家、一个民族文化中的重要组成部分。作为中华优秀传统文化代表之一的南京优秀历史文化，其传承与弘扬工程的实施，由于属于意识形态工作的范畴，因此首先必须加强组织领导。

市委市政府要从坚定文化自信、坚持和发展中国特色社会主义、实现中华民族伟大复兴的高度，进一步提高政治觉悟和政治站位，加强对南京优秀历史文化传承与弘扬工作的全面领导，实现南京优秀历史文化的创造性转化和创新性发展。市委宣传部要积极发挥综合性协调作用，整合各类资源，调动各方力量，推动形成党委统一领导、党政群协同推进、有关部门各负其责、全社会共同参与的南京优秀历史文化传承与弘扬工作新格局。各有关部门和群团组织要按照责任分工，制定实施方案，细化工作方案，完善工作机制，把各项任务落到实处。

围绕着弘扬崇文尚读传统、打造"书香南京"的目标，进一步开展"书香南京"全民阅读活动、"共读南京"系列阅读活动并扩大其影响，通过阅读经典的方式，传承与弘扬南京优秀历史文化。这项工作要在中共南京市委宣传部的统一组织领导下，南京市文化和旅游局、南京市全民阅读办发动各区阅读办、市阅读办相关成员单位以及各家民间读书会组织共同参与实施。

围绕着彰显传世名著价值、建设“文学之都”的目标，继续推进《金陵全书》及其数字化、“南京稀见文献丛刊”的出版并打造图书品牌，通过整理典籍的方式传承与弘扬南京优秀历史文化。这项工作要在中共南京市委宣传部的统一组织领导下，南京图书馆、南京市地方志编纂委员会办公室、南京市档案局（馆）、南京出版社联合发动各区图书馆、方志办等单位共同参与实施。

围绕着加强各类文物保护、打造“文博南京”的目标，切实推进物质文化遗产和非物质文化遗产的传承与创新，通过保护文化遗产的方式传承与弘扬南京优秀历史文化。这项工作要在中共南京市委宣传部的统一组织领导下，南京市文化和旅游局、南京市博物总馆、南京市文化遗产保护研究所、南京市考古研究院等发动各区文化与旅游局共同参与实施。

围绕鼓励南京文化“走出去”、打造交流新格局的目标，树立新时代南京文化的国际形象，通过对外交流的方式传承与弘扬南京优秀历史文化。这项工作要在中共南京市委宣传部的统一组织领导下，南京市外事办公室、南京市人民对外友好协会、南京市文化和旅游局、南京市文投集团等共同参与实施。

二、制定扶持政策

南京优秀历史文化的传承与弘扬，事关中华民族的文化自信、文化繁荣和伟大复兴。将南京优秀历史文化的精神标识提炼出来、展示出来，把南京优秀历史文化中具有当代价值、世界意义的文化精髓提炼出来、展示出来，急需有关部门制定相应的政策，以保障南京优秀历史文化永久魅力和时代风采的展现。

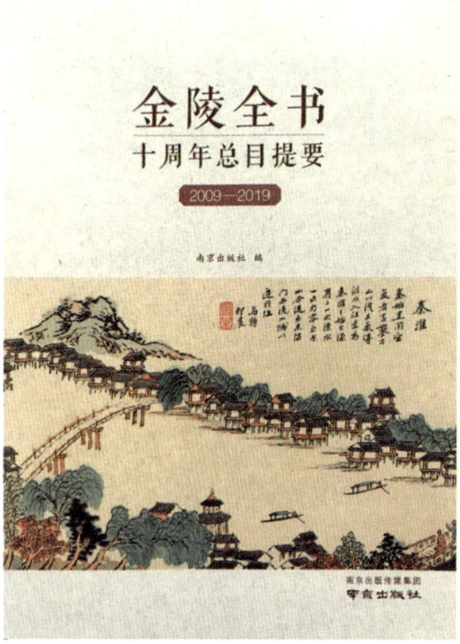

《金陵全书十周年总目提要（2009—2019）》书影

对于传承“金陵文脉”、推动“南京学”研究的项目，有关部门要制定配套科研政策，设立专项课题基金，并制定切实可行的激励政策。对于取得突出成绩的专家学者，要对其个人进行必要的表彰奖励，特别突出者甚至可在职称评定、住房保障、子女入学等方面做出适当的倾斜。

对于南京各类文化典籍的整理与图书项目的出版，有关部门要制定资金扶持政策，加大财政扶持力度，同时统筹整合现有相关资金，积极扶持反映南京优秀历史文化思想和精髓的文化典籍和图书出版项目。如汇集南京历史上经典文化典籍的《金陵全书》，在中共南京市委宣传部加大资金扶持力度的前提下，南京出版社成立专门的《金陵全书》编辑部，专事专办，专款专用。又如策划了多年、已完成论证的收录当代名家研究南京经典著作的《南京名家文库》，一旦获得相应的资金扶持，有望在短时间内推出文学、史学、哲学、社会学、艺术学几个名家系列，这将对推动南京优秀历史文化的传承和发展起到积极的促进作用。

对于南京各类物质文化遗产，如各级重点文物保护单位和一般不可移动文物，以及南京各类非物质文化遗产，如列入国家级、省级、市级、区级非遗代表性名录的项目，有关部门要制定并完善专项保护政策，如大运河沿线历史文化名城名镇名村、水利水运遗产专项保护规划，以及《南京市地下文物保护条例》《南京革命遗产保护规划》《南京非物质文化遗产保护条例》等[①]。这些政策的制定，能够最大限度地保护和传

① 中共南京市委办公厅、南京市人民政府办公厅：《关于推动文化建设高质量走在前列的实施方案》，2018 年。

承南京的都城文化、陵墓文化、宗教文化、科教文化、红色文化、民俗文化等。

三、培养各类人才

南京优秀历史文化的传承与弘扬，无法绕过人才这个关键性因素。人才数量的多寡和质量的高低，直接影响到南京优秀历史文化的古为今用和推陈出新。然而，由于受到优秀传统文化宣传缺失、教育培训方面学养缺乏以及各类人才待遇偏低等因素的限制，南京的文化人才队伍表现出失衡、短缺，甚至存在断代的现象，与新时代对优秀传统文化传承弘扬的要求不相匹配[①]。有鉴于此，南京急需培养学术、出版、文博、非遗、对外交流等各类人才。

南京师范大学文学院师生与特聘专家合影

① 苏小曼：《注重人才发掘，防止传统文化“青黄不接”》，中国文明网2015年7月13日。

学术人才的培养，要以家国情怀和世界眼光为着眼点，以传承“金陵文脉”、推动“南京学”研究为主攻方向，设立专项研究课题，给予相关基金扶持，为南京优秀历史文化的传承与弘扬提供学术观点和理论支撑，力争在不长的时间内形成一个特色鲜明、富有活力的“南京学派”。

出版人才的培养，要在提高编辑人员自身专业能力的基础上，紧紧围绕南京优秀历史文化出版体系，聚焦相关主题，策划图书选题，做到层次全覆盖、内容多精品、宣传出效应，为南京世界“文学之都”建设添砖加瓦的同时，促进优秀传统文化的传播。

文博人才的培养，要在提升社会文保氛围、加强专业技术水平和提高从业人员待遇等方面下功夫，在切实解决南京基层文物和物质文化遗产保护管理人才数量不足问题的同时，推动传统的文保人才向现代的文博人才高质量转化，为南京物质文化遗产的保护和传承奠定坚实基础。

非遗人才的培养，要做到加强传统文化教育和加强专业技能水平双管齐下。南京非物质文化遗产层次多样，数量众多，非遗人才的培养要在传统“师带徒”传承方式基础上，将传承纳入现代教育体制，培养理论知识与高超技艺兼具的新时代传承人，为南京非物质文化遗产的保护和传承铺就道路。

对外交流人才的培养，要在增强自身业务技能的同时，努力提升个人形象和魅力，在新时代“讲好南京故事，传播好南京声音，阐述好南京特色，展示好南京形象”，向世界传递南京优秀历史文化的历史积淀与时代新意。

四、动员全民参与

南京优秀历史文化的传承与弘扬，从来不仅仅是政府部门的事，也不能只依靠专家学者和社会精英，而是全体南京市民的共同责任。传承与弘扬优秀历史文化，必须坚持在各级党委的领导下，动员全民参与，切实把各项任务落实到企业、社区、机关、学校等基层。南京各文化单位、各阵地平台以及各民间团体等，都有承担传承与弘扬优秀历史文化的责任和义务，要充分调动其积极性，形成人人传承弘扬南京优秀历史文化的生动局面。

在城市历史文化记忆方面，要充分发挥南京众多的城市民间寻访团、记录团的积极作用。多年来，这些团体对南京历史印记、发展兴衰、重大事件等问题做出了一系列探究，取得了一些可观的成绩。由于参与人数多、层次广，他们对某些问题具体而微的考证，往往能够以小见大，掌握一些城市变迁中不为人知的历史细节，从而为梳理南京城市脉络注入一股股溪流，同时为传承与弘扬南京优秀历史文化提供了新的视角。

南京市全民阅读活动如火如荼展开

南京市全民阅读活动“共读南京”品读会

南京市全民阅读活动——红色经典诵读

在建设书香城市、举办阅读活动方面，要充分调动发挥南京众多民间读书组织和读书会的积极性，将“爱读书、读好书、善读书”的阅读宗旨推向社会基层[①]。为了鼓励全民参与，将来的读书活动可以在形式上做出某些适当的延伸。如以阅读具体书目作为基础，将读书与文化讲座、文化旅游、文化体验等活动相结合，在丰富和创新人们对南京城市文脉理解的同时，也能够将南京人崇文尚读的良好传统不断传承下去。

在保护和传承城市文化遗产方面，要充分发挥民间众多的文保志愿者的积极作用，提升全社会的文物保护意识，加强对南京的物质文化遗产和非物质文化遗产的保护力度。同时，相关文博单位应当给予他们更专业的指导和培训，使其在日常的志愿活动中，不仅能够有效地提高自身的业务水平，而且能更好地承担起向外来游客介绍、宣传南京优秀历史文化的职责。

综上所述，南京优秀历史文化的传承与弘扬，是一项涉及众多文化领域的系统工程，离不开全社会各个层面的广泛参与，必须在中共南京

①《南京居民综合阅读率连续四年全省第一》，江苏全民阅读网。

市委的统一领导下，在加强组织领导、制定扶持政策、培养各类人才、动员全民参与方面下大决心、大力气、大功夫，切实为传承与弘扬南京优秀历史文化提供坚实保障，从制度和现实两个方面解决困扰这一问题的后顾之忧。

主要参考资料

南京博物院：《南唐二陵》，文物出版社 1957 年版

孙淑圻：《六朝思想史》，南京出版社 1992 年版

王天有：《明代国家机构研究》，北京大学出版社 1992 年版

罗宗真：《六朝考古》，南京大学出版社 1994 年版

何其敏：《中国明代宗教史》，人民出版社 1994 年版

蒋赞初：《南京史话》（上），南京出版社 1995 年版

沈嘉荣主编：《南京史话》（下），南京出版社 1995 年版

江南水泥厂编制：《江南水泥厂厂志》，1995 年版

徐雁、谭华军：《南京的书香》，南京出版社 1996 年版

张静芬：《中国古代的造船与航海》，商务印书馆 1997 年版

梁白泉：《南京的六朝石刻》，南京出版社 1998 年版

卢海鸣：《六朝都城》，南京出版社 2002 年版

徐仲杰：《南京云锦》，南京出版社 2002 年版

杨宽：《中国古代都城制度史研究》，上海人民出版社 2003 年版

周安庆：《灯彩秦淮》，江苏文艺出版社 2004 年版

朱登琮：《金陵特色文化》，南京出版社 2005 年版

刘毅：《明代帝王陵墓制度研究》，人民出版社 2006 年版

朱偰：《建康兰陵六朝陵墓图考》，中华书局 2006 年版

南京市博物馆编：《宝船厂遗址——南京明宝船厂六作塘考古报告》，文物出版社 2006 年版

杨国庆、王志高：《南京城墙志》，凤凰出版社，2008 年版

南炳文、汤纲著：《明史》（上），上海人民出版社 2008 年版

（意）利玛窦、（比）金尼阁著，何高济、李遵仲、李申译：《利玛窦中国札记》，中华书局 2010 年版

王嵬、叶南客主编：《南京对外文化交流简史》，五洲传播出版社 2011 年版

中共中央党史研究室科研管理部编：《全国党史系统庆祝中华人民共和国成立六十周年学术研讨会论文集》，中共党史出版社 2011 年版

南京历史文化资源读本编委会：《南京历史文化资源读本》，南京出版社 2014 年版

辛德勇：《中国印刷史研究》，三联书店出版社 2016 年版

陶思炎：《南京民俗》，南京出版社 2016 年版

卢海鸣：《南京民国建筑》，江苏凤凰美术出版社 2017 年版

王天有、高寿仙著：《明史：多重性格的时代》，中信出版集团有限公司 2017 年版

李海燕、聂凌睿、张思瑶：《构建书香社会：人文精神的可持续与社会文化进程》，南京师范大学出版社 2017 年版

卢海鸣著：《南京历代名号》，南京出版社 2018 年第 2 版

朱明娥著：《旷世城垣——南京明城墙》，南京出版社 2018 年版

中共南京市委宣传部、中共南京市党史工作办公室编：《南京红色印记》（1921—1949），南京出版社 2018 年版

后　记

《南京优秀历史文化传承与弘扬研究》自2018年6月被列为南京市社会科学基金项目（项目批准号：18CB11）后，卢海鸣博士作为项目负责人，立即成立了由朱明娥研究员、徐智博士、金连玉博士和凌霄硕士组成的项目组，启动了项目研究工作。卢海鸣全面负责项目的方案设计，对研究提纲进行了前后十余次的修改，最终形成了现在的框架结构。2018年12月，项目组完成了研究成果初稿的撰写。2019年3月卢海鸣完成了篇目的统稿、修改和定稿，5月，按要求在省级以上主流报刊上发表两篇以上阶段性成果，提请南京市哲学社会科学规划办公室结项并获得通过。同年，本项目荣获南京市第六届（2017—2018）社科决策咨询优秀成果二等奖。

本项目以南京优秀历史文化的传承与弘扬为研究对象，就历史文化的构成、传承弘扬的困难与机遇、传承弘扬的对策和路径、保障措施等内容展开了深入研究。主要建树及创新如下：第一，提出了南京优秀历史文化的构成包含“优秀传统文化”和“红色文化”，并将其划分为都城文化、陵墓文化、红色文化等十大类。第二，提出了创立“南京学”的学科体系设想。主张从地理维度、政治维度、文化维度着手，创立一门独立的“南京学”，提升南京文化的研究高度，拓展南京文化的研究广度，加大南京文化的研究深度，增加南京文化的研究温度，彰显南京文化的独特魅力，并提出开展“南京学”研究的七项具体举措，填补了地方学研究的空白，形成西安、洛阳、北京、南京“四大古都”地方学并驾齐驱的局面。第三，提出了从书香家庭、书香校园和书香社会三个层面构建“书香南京”全民阅读体系，阐述了“书香家庭”建设是基础，“书香校园”建设是关键，“书香社会”建设是核心的观点。第四，提出了南京优秀传统文化“六位一体”出版体系，该体系由文献档案、辞典图录、学术研究、大众普及、文教图书、文创产品六个层次构成，形成一个自上而下、由深及浅、互相支撑的金字塔状出版体系。

此次出版，我们对文稿进行了适当的修改和补充，同时根据内容配上了相关的图片，主要由卢海鸣、朱明娥、徐智、陈南柯、张少萍、崔龙龙、杨福彬等提供。需要特别提出的是，没有中共南京市委宣传部给予卢海鸣博士“中宣部文化名家暨‘四个一批’人才”配套资金的扶持，就不可能有本项目的出版，在此谨向市委宣传部及相关领导和专家表示衷心的感谢！

图书在版编目（CIP）数据

南京优秀历史文化传承与弘扬研究 / 卢海鸣编著
. -- 南京：南京出版社，2021.8
ISBN 978-7-5533-3362-5

Ⅰ. ①南… Ⅱ. ①卢… Ⅲ. ①文化史—研究—南京
Ⅳ. ①K295.31

中国版本图书馆CIP数据核字（2021）第147049号

书　　名：南京优秀历史文化传承与弘扬研究
作　　者：卢海鸣
出版发行：南京出版传媒集团
南 京 出 版 社
社址：南京市太平门街53号　　邮编：210016
网址：http://www.njcbs.cn　　电子信箱：njcbs1988@163.com
联系电话：025-83283893、83283864（营销）　025-83112257（编务）

出 版 人：项晓宁
责任编辑：崔龙龙
装帧设计：王　俊
责任印制：杨福彬

排　　版：南京新华丰制版有限公司
印　　刷：南京艺中印务有限公司
开　　本：787毫米×1092毫米　1/16
印　　张：14
字　　数：194千
版　　次：2021年8月第1版
印　　次：2021年8月第1次印刷
书　　号：ISBN 978-7-5533-3362-5
定　　价：68.00元